ちくま新書

新宗教を問う

の信仰

島薗 進
Shimazono Susumu

JN052089

1527

新宗教を問う——近代日本人と救いの信仰

【目次】

序章 新宗教とは何か

†新宗教の歴史を顧みる

新宗教が日本で大きな力をもっていることはよく知られている。もっともよく知られている新宗教は創価学会とオウム真理教だろうか。創価学会は公明党という政党と結びつき、選挙のときには大きな力を発揮する。どの地域にも創価学会文化会館という建物があり、行事のあるときには多くの人が集まる。東京の信濃町《しなのまち》には創価学会や公明党の施設が集まっている。新聞や電車の吊り広告には創価学会系の雑誌や書物の広告が見られることが多い。その存在について多くの国民が意識するのは自然である。

オウム真理教はどうか。一九九五年（平成七年）の地下鉄サリン事件、その前年の松本サリン事件について鮮明な記憶をもっている人もいる。だが、三〇歳以下の人はどうだろうか。オウム真理教は解体され、アレフという教団が残っているが、規模は小さい。たまに話題になることはあっても、「昔、そういうことがあった」を知っている人はどんどん減っていくだろう。一九八〇年代の後半から一〇年ほどたいへん目立つ存在だったが、今は歴史として学ばなければ忘れられていく存在である。

だが、オウム真理教を含めて、新宗教の歴史は学ぶ価値がある。創価学会はなぜかくも大きな勢力をもつ宗教団体になったのか。創価学会だけが特別なのか。もちろんそうではない。歴史をさかのぼれば、一九世紀のはじめ頃からいくつかの新宗教が活発な活動を始め、急速に成長していったことがわかる。黒住教《くろずみきょう》、天理教《てんりきょう》、金光教《こんこうきょう》、丸山教《まるやまきょう》、本門佛立講《ほんもんぶつりゅうこう》（のちに本門佛立宗となる）などが明治時代中期までに持続的な宗教教団となる勢力をもつに至っていたことがわかる。多くは教派神道《きょうはしんとう》として類別された宗教団体で、習合神道《しゅうごうしんとう》系と特徴づけられるが、本門佛立講は日蓮仏教の系統だ。これらが第一期の新宗教だ。

明治後期から大正期にかけては、出《で》口《ぐち》王《お》仁《に》三郎《さぶろう》が率いる習合神道系の大本《おおもと》と田中智《ち》学《がく》が指導し、日蓮主義を掲げる国柱会《こくちゅうかい》という教団が、社会に大きな影響を及ぼした。世直し的なヴィジョンを掲げ、知識層にも多くの支持者を得たからだ。「大正維新」を掲げたのは大本だし、「八紘一宇《はっこういちう》」という言葉をあみだし広めたのは国柱会だ。大本は一九二一年（大正一〇年）、一九三五年（昭和一〇年）の二度にわたり、大弾圧を受けるが、当局を恐れさせるほどの勢力をもつようになったということでもある。国柱会には満州事変を起こした関東軍の参謀、石原莞爾《いしわらかんじ》や、今ももっとも人気が高い詩人で物語作家である宮沢賢治も所属した。日蓮主義は一九三〇年代のテロリズムや挫折したクーデターにも大きな影響を及ぼした。現在、どちらの教団も大きな勢力はもたないが、近代日本の精神史上の意義は大きい。これらが第二期の新宗教だ。

†新宗教の最盛期から後退期へ

一九二〇年代から六〇年代までが新宗教の最盛期だ。創価学会もこの時期に発生し、いったんはつぶされたが、戦後に大発展を遂げて、七〇年前後にはほぼ現在の教勢に達している。それより少し早い時期に霊友会《れいゆうかい》という、これも法華経《ほけきょう》と日蓮仏教の系譜の教団が大きく成長する。同時期に神道系では、ひとのみち教団が急成長を遂げ、それに続いて大本から分かれた世界救世教《せかいきゅうせいきょう》や生長《せいちょう》の家《いえ》が勢力を伸ばす。霊友会と世界救世教からは多くの教団が派生する。一九四五年から六〇年代にかけて「神々のラッシュアワー」とよばれるような、数多くの新宗教教団の発展が見られるが、大教団になったものの多くは一九三〇年代にすでに基盤がつくられていたものが多い。立正佼成会《りっしょうこうせいかい》、妙智會教団《みょうちかいきょうだん》、PL教団、円応《えんのう》教《きょう》、解脱会《げだつかい》、善隣教《ぜんりんきょう》など、新宗連（新日本宗教団体連合会）に結集する諸教団もこの時期に勢力を伸ばした。これらが第三期の新宗教だ。

一九七〇年以降の五〇年が第四期ということになるが、この時期はこれまで持続的に教勢を拡充してきた教団の多くが、停滞期、あるいは教勢後退期に入る。この時期に勢力を伸ばしていった教団には、阿含宗《あごんしゅう》、真光《まひかり》、統一教会《とういつきょうかい》、GLA、オウム真理教、幸福の科学などといった教団が含まれる。また、すでにそれ以前から活動をしていたが、この時期に教勢の伸長が著しかった教団に、真如苑《しんにょえん》とエホバの証人《しょうにん》がある。統一教会は韓国生まれ、エホバの証人は米国生まれだが、これまでの新宗教が共有していた特徴と異なる特徴が顕著になってきたのがこの第四期だ。こうした新しさを際立たせるために、これらの教団は一時期、新新宗教とよばれた。九五年のオウム真理教地下鉄サリン事件以後は目立った新しい教団の成長は見られない。

†本書の構成

以上のような新宗教の歴史を視野に収めつつ、本書でははじめに第二期、第三期の新宗教に焦点をあてる。まず、第三期の創価学会、霊友会、立正佼成会など、続いて、第二期の大本について述べていく（第1章〜第5章）。これらを通して新宗教の諸特徴も描き出していきたい。それに続いて、新宗教がどのような社会状況を反映して成長したのか、また宗教としてどのような特徴をもっているのかについて考えていく（第6章〜第7章）。ここで私なりの新宗教を捉える基軸を示すことになる。キリスト教、仏教、イスラームなどとあい並ぶ救済宗教なのだが、現世救済の宗教として捉えられるという見方だ。病気なおし、心なおし、世直しといった言葉も新宗教の特徴を理解する手がかりになる。ここまでが本書の前半だ。

後半のはじめの二章は、江戸時代から明治期にかけて新宗教が発生してくる基盤は何だったのかについて述べていく。新宗教が発生する以前、すでに江戸時代に新宗教の発生基盤となるような民俗宗教や修養運動などがあった。伝統宗教の外でそのような集団が発展しやすい状況が江戸時代にはあった。この状況を見直すことは日本の宗教史の全体を見直し、その中で明治以降の新宗教を捉えなおすための眺望を与えてくれるだろう。そうした眺望の下で、黒住教、天理教、金光教、本門佛立講などを見ていく（第8章〜第9章）。

残りの五章では、一九七〇年代以降の日本の宗教やスピリチュアリティの動向を捉えていく。まずオウム真理教や幸福の科学など第四期の新宗教について述べるとともに、新宗教ではない、新宗教を引き継ぐような宗教性やスピリチュアリティについて見ていく。それはまた、救済宗教が担ってきたような精神文化がどのように形を変えていくのかを見定めようとすることでもある（第10章〜終章）。

†本書の背景となる問題意識

本書を書きながら、私の脳裏に浮かんでくる大きな問いが三つある。

まず、(1)新宗教もその一部である救いの宗教とは何か、なぜ救いの観念が人類にとってかくも重要であり続けているのか、という問いがある。これは「宗教とは何か」という宗教論に連なっていく。

続いて、(2)新宗教が目立った展開を見せた日本の宗教史の特徴はどこにあるのか、どうして日本で新宗教がかくも大きな影響力を及ぼすようになったのか、という問いがある。これは「日本文化、日本宗教の特徴は何か」という大きな問いに連なっていく。

さらに、(3)なぜ、近代において新宗教のような救いの宗教が発展し、やがて後退していきつつあるのか、という問いである。ここで近代というとき、一九世紀から新型コロナウイルスの流行で世界が激動した現代までを指しており、日本の場合、幕末維新期から令和に入った現代までということになる。この時代になお救いの宗教が存続するとすれば、なぜそうなのか。また、救いの宗教が教団としての勢力を伸ばすことが難しい時代に、救いの信仰に向けられていた人々の心はどのような方向へと向きを変えていくのだろうか。こうした形で問い直すこともできる。

本書の中で、これらの問いがそのままの形で顔を現すことはそれほど多くないかもしれない。しかし、本書の叙述が進むうちに、なぜこんな問題に入っていくのだろうと思われたときには、以上の三つの問題意識を読み返していただけるとありがたい。とはいえ、本書は宗教哲学的、歴史哲学的な問いを問おうとするところに主眼があるわけではない。日本の新宗教の歴史の概要を描きながら、できるだけ人々の生の営みの形としての新宗教の実際にも近づきたい。新宗教とは何かについて、手触り感覚を伴って考えていっていただけることがもっとも大きな願いである。

第1章　新宗教としての創価学会

†創価学会の起源

一九三〇年（昭和五年）、牧口常三郎《まきぐちつねさぶろう》という教育者が『創価教育学体系』第一巻という本を発行した。この本の刊行にあたっては、彼の弟子といってもいい戸田城聖《とだじょうせい》が大きな役割を果たしている。そして発行所として「創価教育学会」という名を付けた。これが、創価学会の始まりだ。やがて、『創価教育学体系』の考え方を学びながら、教育実践を改善していこうとする教員たちが集い、牧口を囲み座談会が行われるようになる。

一九三〇年といえば、治安維持法による共産党などの弾圧が続き、海軍軍縮問題に見られるように軍部強硬派が台頭する一方、昭和恐慌が始まり、窮乏や生活不安が強まっていく大きな変化の進んだ年である。翌三一年には満洲事変が、三二年には五・一五事件が起こる。日本が全体主義へと向かっていく時期だ。この時期に新宗教は急速に発展していくが、のちの創価学会はまだ産声を上げたばかりで、ほとんど実体はなかった。

牧口常三郎（一八七一－一九四四）は新潟県の海岸に近い地域（今の柏崎市）で生まれている。早い時期に両親を失ったため、養家で育った。自立心の強い子供だったので、一二、三歳のときに北海道へ移住し、そこで身を立てようとした。さまざまなアルバイトをしながら学問を修め、師範学校に入り、やがて学校の教員となり、子供の自立を促す教育とともに研究にも取り組んだ。地理学を独自の考え方で発展させ、『人生地理学』という本を執筆、その原稿を持って東京へ出てきた。一九〇三年には『人生地理学』が刊行されたが、なかなか研究中心の生活に入ることはできず、学校の教員として勤めながら研究や著作を続けた。四〇歳頃に校長職に就き、いくつかの学校に勤める間に、独自の教育理論を発展させ、また実践につなげていった。

†牧口常三郎の教育思想

地理とは世界のさまざまな土地の名前や地形、気候、あるいは産業などについて学ぶ学問で、自然科学の一部として位置づけられることが多い。学校では記憶力が求められる科目として学ばれがちだが、文化的な面を重んじる人文地理学という学問もある。それを発展させ、地理が人間の生き方にどう関わっているかを研究する学問、それが牧口常三郎の考える「人生地理学」だ。「人生地理学」は子供が主体的に学べる新しい学問として構想された。

北海道にいた頃から、牧口常三郎は子供が受け身ではなく主体的に学ぶことができる学校づくりを目指していた。北海道では子供の数が少なかったこともあり、学年を超えてともに学ぶ「単級教室」に積極的に取り組みもした。児童が自ら意欲的に学ぶとともに人間としての成長も実現していく場としての学校を考えてのことである。

東京に移り住んでからは郷土科教育にも取り組んだ。「郷土科」とは、当時ドイツなどで始められていた新しい科目で、自分が住んでいる地域・ふるさと・生活環境について主体的に学んでいくことを目的としている。地理学の発展形態と考えることもできるが、大きな違いは、子供が教室から外へ出て郷土を研究するフィールドワークに力点があるという点である。郷土科の中には国語も算数も歴史も理科も、そこにいる地形や生き物や生活環境を知る、今の言葉で環境学・環境研究にあたるものも含まれている。

牧口常三郎は自分自身の経験から「社会的な特権から疎外された人間でも努力をして主体的に生き方を深めれば良い人生が送れる」ということを教えるのが、学校教育の目標だと考えていた。そして算数、国語、理科、社会を統合し、そのような学び方を身につける科目として、郷土科を位置づけようとした。一九一二年、牧口はこうした考え方に立って

『教授の統合中心としての郷土科教育』を刊行している。一九一〇年に創立された「郷土会」に入会し、新渡戸稲造、柳田國男とも交流している。こうした教育実践、教育理論の発展上に創価学会（戦前は創価教育学会）が成立することになる。

†『創価教育学体系』に至るまで

牧口常三郎の教育構想は大正自由教育運動と並行する試みで、当時のアメリカでジョン・デューイなどが試みていた新しい教育の方法とつながる面もある。子供が主役となる教育という点が共通の基盤だ。しかし、これらの新しい試みを公立の学校で実現するのは困難を伴い、抑圧されることがしばしばだった。牧口常三郎は何度も行政と対立し、やがて左遷されてしまう。五〇代の牧口は教員として不遇だった。さらにその頃、病気で家族を何人も失ってしまう。

公立学校で教育を改善していこうという運動に取り組んで挫折を経験し、個人的には家族の人生でも挫折を経験する。なぜ自分はこんなに不幸に見舞われるのかと悩んでいた頃、日蓮正宗《にちれんしょうしゅう》に出会った。牧口をこの信仰に導いたのは研心学園（現在の目白学園）の校長を務めていた三谷素啓《みたにそけい》という人だった。他方で、牧口常三郎は学校の外で新しい教育運動を始めていくようになる。学校の教員たちが集まって新しい教育法を実現するために行う座談会を開催した。教育運動と宗教運動が重なりあっていく。教育運動で始められたこの座談会が、のちの創価学会の強力な布教手段となっていく。

時を同じくして、同様に家庭に不幸が続いた戸田城聖（一九〇〇-五八）も、牧口常三郎に続いて日蓮正宗に入信していく。戸田は石川県（現在の加賀市）の生まれだが、生後すぐに家族が北海道に移住し、北海道で小学校の教員になった。牧口を慕って北海道から上京し、公立学校における教員として働いた。しかし、牧口の考え方にそった教育実践を行うため、二〇歳代で辞職し、当時は目黒（上大崎）で学習塾を営み、牧口理論にのっとった学習参考書をつくっていた。

牧口常三郎

戸田城聖

やがて二人が協力して牧口執筆の『創価教育学体系』を出版する。第一巻が一九三〇年に発行された。牧口常三郎、五九歳、戸田城聖、三〇歳のときのことだ。全四巻から構成され、第四巻は一九三四年に刊行されている。

†『創価教育学体系』と価値論

『創価教育学体系』は、新しい教育法を学校教員に広めるために書かれたものである。それがなぜ宗教に結びついていくのか。それは、彼らが「教育は価値を創造する生き方を教えるもの。さまざまな経験を積ませることで、子供が自分で力をつけていくように育てる教育が理想である」と考えたからだ。そのような教育を行うためには、「価値論」をしっかり学ばなければならないと主張する。

それでは、そもそも価値とは何か。当時、有力だった新カント派の哲学では「真善美」が価値の諸様態とされる。ところが、牧口は「事実（である）」と「当為（であるべし）」とは異なる領域の事柄なので、「真理」は当為と結びつく価値の領域の事柄ではないとする。かわりにより日常生活の基盤にのっとった価値として「利」をあげる。まずは生存欲求に直接関わる「利」、次いでより高度の価値である「美」、その上に社会的な次元をも含んださらに高次の「善」がある。教育はこれらの価値を見出し、創造していく力を養うものだ。

だが、「善」といってもさまざまな善がある場合、どのようにしてより重要な善を選ぶのか。小さな善より大きな善を選ばなくてはならず、究極的には「最高の善」について認識している必要がある。軸となる価値を知っていなければ、価値について考えることはできない。その「最高の善」とは信によって得られるものだと考えた。その信をどこで見つけるかというと「最高の善」を教える宗教、それが日蓮仏法だという。

創価教育学会は教育学の団体だったのだが、その背後には日蓮正宗という宗教がある。ゆえにこの教育運動に熱心に取り組む人は、自から熱心な日蓮正宗の信者になっていった。日蓮正宗では、僧侶ではない在家《ざいけ》信徒の信仰団体である「法華講《ほっけこう》」が大きな役割を果たすが、創価学会は、日蓮正宗の法華講の団体としての性格を強めていった。当初の名称は創価教育学会だったが、教育運動の枠を超えて広がっていったわけであり、戦後に再建されたときは創価学会を名乗ることになった。

†創価学会と宗門の関係

「あなたの信仰は何ですか」と問うと、創価学会の人たちは「自分たちは仏教徒だ」と答える人がかなりいるだろう。「本当の古い仏教を現代に生かしているから新しい宗教ではない」と主張するかもしれない。

もちろん、仏教自体は紀元前五世紀頃に生きたゴータマ・シッダールタが創始した宗教なので、まったく新しいものではない。創価学会が仏教という宗教の枠を引き継いでいることも確かだ。しかし、研究者はみな創価学会を新宗教だとみなしている。その理由は、今の創価学会が「自分たちこそ本当の仏法《ぶっぽう》を実践している」といい、伝統的な仏教との違いを強調しており、実際、違いが大きいからだ。

「仏法」とは「仏教」を指す言葉で、中世にはこちらが主に使われており、仏教という語はなかったわけではないが、あまり頻繁には使われなかった。「仏教」が盛んに使われるようになったのは明治維新後だから、創価学会の人たちはこの点では近代以前の伝統的な用語を使っているわけだが、実際の信仰活動や信仰内容は伝統仏教との開きが大きい。

創価学会の創立に影響を与えた日蓮正宗とはどのような宗派か。日蓮正宗とは明治時代についた名前で、それ以前は日蓮宗の中の富士《ふじ》門流《もんりゅう》や興門流《こうもんりゅう》と呼ばれていた。富士門流や興門流は、富士山の麓にある大石寺《たいせきじ》という寺こそ、日蓮仏法の正統を継ぐ神聖な寺院だという主張をしている流派だ。その始まりは、日蓮の有力な弟子の一人、日興《にっこう》（一二四六―一三三三）の信仰に由来する。日興は「六老僧《ろくろうそう》」と呼ばれる日蓮の重要な弟子たちのうちの年長者だった。日興は日蓮の死後、晩年の日蓮が住していた身延山《みのぶさん》から富士山麓の大石寺に拠点を移し、「ここここそが日蓮仏法の本流だ」と主張した。

†日蓮正宗という宗派

日蓮宗は日本仏教の中でも、インドから中国に伝わった仏教にはなく、独自色の濃い宗派だが、富士門流は日蓮宗の中でも、さらに特殊だった。というのも、この富士門流は日蓮こそが「本仏《ほんぶつ》」、すなわち本来のブッダだという特殊な信仰をもっていたからだ。また、本尊論でも独自性が強い。日蓮宗は法華経《ほけきよう》を重視しているが、法華経のエッセンスが「南無妙法蓮華経《なむみようほうれんげきよう》」という「題目《だいもく》」に集約されていると考える。この題目を唱えることを「唱題《しようだい》」という。日蓮宗ではこの唱題がもっとも重要な信仰実践の一つとなっている。

さらに、礼拝の対象である「本尊《ほんぞん》」が大切だとする。富士門流は本尊論で他の日蓮門流とは異なり、独自性が際立っている。日蓮は「南無妙法蓮華経」というお題目の周りに神々の名前を記した曼荼羅本尊《まんだらほんぞん》をいくつも書き残した。この曼荼羅本尊を重視するのは富士門流だけではないが、富士門流ではとくに他とは異なる曼荼羅本尊があり、それこそが最高の曼荼羅本尊だとしてその神聖さを強調する。それは日蓮の没後に身延山の池の中から見つかったとされる板に書かれた曼荼羅本尊（「大御本尊《だいごほんぞん》」とよばれる）だ。富士門流はその板曼荼羅こそが日蓮が後世に残した唯一の本尊であり、その曼荼羅を安置する大石寺こそが、日蓮が説いた仏法の本流であると主張していた。

明治時代になると、富士門流は日蓮正宗と名前を改めるが、日蓮宗の中でも小さなグループにすぎなかった。一九二〇年代にそれに加わったのが、牧口常三郎と戸田城聖だった。

牧口、戸田が率いる初期の創価教育学会は、その小さな宗派に所属しながら、教育学の運動を掲げる特殊な信徒団体だった。

†創価学会が新宗教といわれる理由

成り立ちにおいて創価学会は二つの理由から新宗教と考えることができる。創価学会は、あくまでも一九八〇年代までは日蓮正宗という伝統仏教教団の中にとどまるものだった。しかし、戦前までは数千人だった信徒が、戦時中に弾圧されて一度はほぼ壊滅した。戦後に復興して一九五〇年には約五〇〇〇人、一九六〇年に七五万世帯、一九六〇年代末には七五〇万世帯と巨大な発展を遂げる。こうなると創価学会は日蓮正宗の中にあって、圧倒的に大きな力をもつことになる。これによって創価学会と日蓮正宗の間に軋轢《あつれき》が生じ、ついには決裂に至った。

創価学会から見ると、大石寺を拠点とする僧侶の集団は現代にふさわしい在家個々人の信仰を尊ぶ精神に欠けるということになり、日蓮正宗から見ると、創価学会は池田《いけだ》大作《だいさく》名誉会長を偶像化して崇拝し、僧侶の権威を否定する逸脱集団ということになる。対立の末に創価学会が日蓮正宗から切り離されたのは一九九一年のことだ。

宗教の歴史の中で分派ができることはよくある。しかし、創価学会の場合は伝統仏教の一宗派（日蓮宗）のさらに分派（富士門流）であるだけでなく、分派から大きくはみ出た集団で、元の仏教宗派とは大きく離れたものになっている。それが創価学会が新宗教といわれる理由の一つだ。

創価学会が新宗教とされるもう一つの理由は、創価学会が近代の日本に登場してきたさまざまな宗教運動団体とよく似ている点である。たとえば、天理教や金光教、大本、生長の家、世界救世教、霊友会、立正佼成会といった団体だ。どちらかといえば、こちらの観点から新宗教あるいは新興宗教といわれてきたと考えられる。

そもそも新宗教とはどのようなものなのか。新宗教ではない伝統的な宗教としては、日本においては、仏教、神道、そして外来ではあるものの実は長い歴史があるキリスト教があげられる。江戸時代にはキリスト教は「邪宗門《じゃしゅうもん》」とされたが、他方、神道、儒教、仏教（神儒仏）が「三教《さんぎょう》」と理解されていた。明治時代以後は、神道、仏教、キリスト教（神仏基）が日本の主な宗教とみなされていた。新宗教とは、それらの宗教とつながるところもあるが、教えのあり方や宗教活動のあり方、集団のつくり方が異なる宗教のことを指すものとして、戦前には「類似宗教」とよばれることが多く、戦後になって「新宗教」「新興宗教」などとよばれるようになった。

†現世中心の救済思想

明治維新によって、日本の社会は大きく組み変わった。しかし、実社会ではそれに先立ってさまざまな変化が起きていた。それに対応するように、宗教の中にも新しい動きがあった。そのような新しい動きが、独自性の強い運動体となって出てきたものが早い段階で出現する新宗教だ。そういう面でも創価学会の創立は新宗教の動きによく似ている。

教義や活動形態においても、創価学会と他の新宗教は似ている点が二つある。一つはこの世で幸せになる現世《げんせ》中心主義ということ。別の言い方をすると、死後の救いや現世を超えた領域（来世《らいせ》、霊界、超越界）にはあまり関心を向けていないということだ。浄土宗であれば、死んで極楽に行く、そこで最高の幸せや安らぎが得られると教える。あるいは、死後に理想の心の状態に近づいていける、ブッダに近づいていける。これが浄土宗の信仰の内容だ。キリスト教であれば、死後、神様の御許《みもと》に召されて永遠の生命を得ることが目指される。伝統的な宗教の信仰では、この世とは別の世界で究極の理想状態に至ることが求められる。しかし、新宗教の場合はこの世で理想の状態に近づくことが目標になる。

伝統的な仏教では、輪廻転生《りんねてんしょう》とはけっして幸せなことではなく、いつまでも苦の中に閉じ込められていることを意味する。苦の中で永遠に辛い生き死にを繰り返し、生死《しょうじ》の楔《くさび》の中から逃げ出せないということだ。その輪廻から抜け出すことこそが成仏《じょうぶつ》であり、目標とされた。

しかし、創価学会は永遠の輪廻、つまり生き死にを繰り返しつつ生命を輝かすことこそ最高の幸せであり、人生の最高の目標だと説いている。「南無妙法蓮華経」と唱え、ご本尊に「唱題《しょうだい》」することで生命力を充実させ、利他の実践を通して最高の状態に近づいていく、これが創価学会の「人間革命」だ。これは「陽気《ようき》ぐらし」という天理教の掲げる理想に通じており、「貧・病・争（病・貧・争）」から自由になり、「富・健・和」に近づくという世界救世教や真光《まひかり》が掲げる教義にも通じるものがある。

もともと仏教には「現世利益《げんぜりやく》」という言葉がある。仏教の信仰によって得られる功徳の中に「この世でより幸せになる」ということが入っている。もともとこの世での幸せは仏教の目指すことの一部だと解釈することもできる。だが、それこそが最高の目標と地続きのものになってくると、元の仏教の教えとは異なってくる。世界的に見ても、庶民がその実現に参与できる現世での幸せを焦点とした仏教として創価学会は目立った例となっている。

†一般信徒が積極的に参加する信仰集団

創価学会が他の新宗教と似ているもう一つの特徴は集団構成とそれに対応する信仰活動のあり方だ。伝統的な宗教は、仏教でもキリスト教でも教義について深い研鑽を積んだ者、あるいは長い修行を経験して宗教的に高い地位を得た者が中心となっていく。一般の人々は高い地位を得た人たち、つまり聖職者から教えを受け、その教えに従って信仰生活を送っていた。

聖職者だけが儀式を司り、教典の知識にもとづいた教えを述べ、一般の人たちは受け手となって儀礼に連なり、教えを聞く。聖職者と俗人一般の間には大きな役割の開きがあり、一般信徒は受け身でいることが役割だった。一方、聖職者は一般社会とは違う次元の知識をもち、修行で身についたふつうの人にはできない聖なる所作が行えると信じられていた。一般人はもっぱら受け身であって、儀礼を進んで行ったり、他者に教えを説いたり、布教に積極的に取り組んだりすることはしないのが通例だった。

しかし、新宗教においては、一般信徒が活発に信仰活動をし、布教の担い手となり、自ら教えを語り、能動的に活動する。それが当然とされている。また、日常生活そのものが信仰活動の場であり、修行の場とされる。創価学会の場合でいえば、座談会《ざだんかい》を各家庭で行い、生活の中のさまざまな問題を話し合う。ある時期以降は「文化会館」とよばれる地域の施設で行う行事が多いが、発展期には家庭で集まりをすることがとくに多かったし、今でも家庭の集まりは重要とされている。そして、先輩格と後輩格という違いはあるが、基本的に全員が意見を述べ、布教に携わるべきとされる。このように信仰者として積極的に他者に働きかけることを重んじるのは、新宗教の一つの大きな特徴だ。

創価学会の座談会の様子

†ある座談会の場面から

ここで一九六〇年頃の創価学会の座談会の様子を垣間見てみよう。高瀬広居『第三文明の宗教』（一九六二年）から「折伏《しゃくぶく》」と「自信《じしん》」についてのやりとりを、とばしとばしではあるが引用していく。

「折伏」とは相手を論破しつつ説き伏せ、相手を信仰に引き入れようとすることで、一九五〇年代、六〇年代の創価学会で強調されたものだ。

「みなさん、こんばんワ、毎日よく御信心申しあげていますね」「ハイ」

「折伏もやってますね」「ハイ」

「元気がないな。折伏をあまりしていないようですね。いいですか、折伏をしなければ絶対に本当の幸せは得られない。折伏をしてはじめて、幸せになり功徳を頂けるのです。ね、折伏しなさいよ」「ハイ」


このようにまだ信仰しはじめて間もなく、人前でまとまった話をすることもめったにないような人たちにも積極的な布教活動をするよう勧める。このやりとりでは、後ろの席から「しもぶくれの水商売風の女性」、Aさんが手をあげ、質問する。長いこと胃病をわずらっている知り合いの家に折伏に行ったが大きな獰猛《どうもう》な犬がいて吠えるので、恐くて帰ってきてしまった。「こんなときは、やはり信心が足らないからなんでしょうか」。どっと笑い声が起こるが、綜合ブロック長がニコニコして答える。「折伏をするわたしたちは、日蓮大聖人様の使いとして折伏をしているんですから、その仏のお使いに、犬がくいつくなんていうことはないんです。迷ったり、ちゅうちょしていると、その心の迷いのなかに、魔が、犬に姿をかえてとびこんでくるのです」。皆が拍手でAさんを励ます。すると、Aさんは、もう一つ心の内側に入った質問をする。

「あのう……」Aさんがまた、長くひっぱるような声を出して質問した。

「すみませんが、あのう……私、おとついもこんなことがあったんですが……。折伏にいったら、自分だってたいした人間じゃないのに、人さまを救けるなんて図々しいことぬかすなって、頭から水ぶっかけられちゃったんです」

これに対する綜合ブロック長の言葉は日蓮大聖人の言葉を用いるなどして、懇切丁寧なものだが、その核心的な部分は以下のようになっている。

肝心なのは、あなたの業が切れてゆくんです。折伏が功徳であり成仏であるというのは、これをいうんです。水をかけられる、玄関先からつきとばされる。唊を吐きかけられる、そうやって、わたしたちが過去世において大聖人様の教えを謗《そし》った、謗法《ほうぼう》の罪が消えてゆくんです。悪口が多ければ多いほど、いいかえたら、苦しい折伏をすればするほど幸福な境涯へと移りかわってゆけるんですね。

†独立した在家の団体としての新宗教

　このようにまだまだ信仰歴の長くない信徒（会員）も、信仰をめぐる話し合いと布教活動に積極的に参加する集団の態勢が形づくられている。こうした話し合いに参加しているうちに、「魔」、「業《ごう》」、「功徳《くどく》」、「成仏《じょうぶつ》」、「過去世《かこせ》」、「大聖人様《だいしょうにんさま》」、「謗法《ほうぼう》」、「罪」、「境涯《きょうがい》」などの信仰用語を身につけていく。そして、今度はそれらの用語も用いて折伏を行ったり、信心によって得られた功徳について人前で語ったりできるようになっていく。信仰集団においては目上の信徒に服し、集団全体と一体になる活動様式に従い、信仰集団に励まされ鼓舞されて、外部社会では積極的で自己の考えを強く述べていけるような姿勢が身についていく。

　こうした信仰活動の様態は、伝統宗教のそれとは異なる。伝統仏教では聖職者と一般信徒との間に大きな隔たりがあり、一般信徒（檀信徒《だんしんと》）は受け身で指示に従い単純な所作を行ったり、聞き手になったりするだけだ。これに対して、創価学会のような新宗教では、一般信徒（在家《ざいけ》）が積極的に発言し活動することが求められ、実践されている。そして、出家には大きな役割がなく、在家こそが主体となって教えを学び、仏法の実践を行うことが伝統仏教（既成宗派の仏教）と異なる、創価学会の特徴だと理解されている。

創価学会はもともと出家者中心の日蓮正宗に属する在家の講《こう》集団という側面をもっていた。ところが、同時に当初から日蓮正宗から自立した在家信徒集団としての性格をもっており、成長とともにその側面を強めていった。今では、例外的に僧侶が含まれるとしても、基本的には在家信徒だけから構成される宗教教団という形をとっている。

第3章で取り上げる霊友会系の教団では「在家仏教」とか「在家主義」といった言葉が用いられる。このように仏教系の新宗教は在家信徒が僧侶に従うことなく、独立して教団を構成する教団とみることもできる。逆にいえば、仏教教団ではあっても、在家信徒が主体となって活動している教団は新宗教に類別できることになる。禅宗の系統でも両忘協会《りょうぼう》、人間禅教団《にんげんぜん》、三宝教団《さんぼう》といった教団があり、新宗教とみなしてよい。だが、独立した在家中心の仏教団体としては、法華系、日蓮系の教団がだんぜん多い。その中でも最大の勢力をもつに至ったのが創価学会だった。

†日蓮正宗と創価学会の信仰の違い

新宗教の歴史を考える際には、戦前から戦後の断絶と連続性の両面を考えなくてはならない。新宗教全体の勢力のおよそ三分の二は、一九二〇年代くらいから広がりはじめて、一九六〇年代までにその勢力が確立したものだ。そのうちの最大の団体が創価学会で、全国民の三―四パーセントくらいの規模を占めている。この数字は、一九七八年にNHK放送世論調査所が三万二〇〇〇人ほどのサンプルに対して行った全国県民意識調査の結果を主な拠り所としている（杉山明子《めいこ》「現代人の宗教意識」、一九八一年）。そこでは、自分の宗教を創価学会だと答えた人が三・三パーセントとなっている。この時期から現在に至るまで創価学会の公称会員世帯数はあまり変化しておらず、創価学会員が主要な投票者である公明党の得票率も同様だ。

創価学会は一九三〇年頃から四〇年頃までに数千人規模の信徒を集め、一定の勢力を築く。ところが、戦争中に厳しい弾圧を受けてほぼ完全に解体し、リーダーであった牧口常三郎と片腕ともいうべき協力者である戸田城聖は一九四三年に入獄することになった。神聖天皇崇敬システムを強めていく国家が、伊勢神宮の大麻《たいま》（天照大神《あまてらすおおみかみ》のお札）を受け入れ礼拝対象とすることを求めたのに対して、それを拒んだためだ。神聖天皇崇敬にそって国家神道の信仰を受け入れることは、他宗教の礼拝対象を拝むという「謗法《ほうぼう》」であり、罪を積むことだ――牧口はこれこそ日蓮の教えだと信じ、その信仰を貫いたのである。

戦時中に、国家神道と神聖天皇崇敬が国民に強いられていく中で、信ずる宗教の立場を貫き、国家の信念強制を拒否することはきわめて困難だった。だが、牧口と戸田は信仰の立場を守り、過酷な入獄を覚悟して拒否を貫いた。その結果、創価教育学会は壊滅状態になった。そして、牧口常三郎は一九四四年に獄死し、戸田城聖は一九四五年の終戦少し前にようやく釈放された。敗戦後しばらくして、戸田城聖を中心に戦前からの信徒たちが集結し、創価学会は新しい運動として再出発する。創価教育学会から創価学会と名前を変え、信徒数は一九五〇年代、六〇年代に急速に増大し、七五〇万世帯を呼号するまでになった。このわずか二〇年ほどが創価学会の爆発的な発展期だ。

†日蓮正宗から創価学会への展開

そのときに広まった信仰は、日蓮正宗の教えと牧口常三郎の「価値論」が結びついた戦前の信仰に、さらに「生命論」という戸田独自の悟りが合体して構成されたものだ。そこでは、仏教の究極の真理である正法《しょうぼう》（妙法）は「南無妙法蓮華経」という題目《だいもく》にこめられ、さらに大石寺にある大御本尊（板曼荼羅本尊）に具象化されており、そこに「宇宙大生命」が集約されているとされている。大御本尊に至上の価値を付与する日蓮正宗の信仰を生命論で再構成し、現代人にわかりやすく身近なものにしたものだ。

題目や本尊にこそ究極の生命力の源泉があるという信仰は、天台智顗《てんだいちぎ》が理論化し日蓮が『観心本尊抄《かんじんほんぞんしょう》』で教義的裏付けを示した「一念三千《いちねんさんぜん》」の哲理で要約される。三世間《さんぜけん》（五陰《ごおん》世間・衆生《しゅじょう》世間・国土世間）、十界《じっかい》（地獄界・餓鬼界・畜生界・修羅《しゅら》界・人界・天界・声聞《しょうもん》界・

縁覚《えんがく》界・菩薩《ぼさつ》界・仏界が十界、各「界」がそれぞれ「十界」を具えるという「十界互具《ごぐ》」で「百」となる）、十如是《じゅうにょぜ》（相《そう》・性《しょう》・体・力《りき》・作《さ》・因・縁・果・報・本末究竟等《ほんまつくきょうとう》）という鳩摩羅什《くまらじゅう》漢訳の法華経にある現象世界の諸様態をかけあわせて「三千」で世界の多様な様態を表し、「南無妙法蓮華経」の題目で示される一つの「念」の中にすべて具現しているという信仰だ。

創価学会の信仰では、「南無妙法蓮華経」と唱えることによって、ご本尊に具象化された法華経のブッダの教えの根本とともに、全宇宙の生命力（宇宙大生命）を念ずることができ、それによって幸福をわが身に現前化できるとする。

日蓮正宗の教えでは、「南無妙法蓮華経」という題目が具象化する究極の真理が、日蓮が後世に残した唯一の究極的な本尊である富士山の麓にある大石寺の曼荼羅本尊に実体化しているとされる。現世の実在がそのまま超越的なものの現れであるとする捉え方は、日本仏教に特徴的なもので、「本覚《ほんがく》思想」「天台本覚思想」の系譜とされる。「あるがままの現実世界をそのまま仏の悟りの世界と見」、極端な場合、真理の学びや修行すら必要なく究極の救済に至れると説くことにもなる（「本覚思想」『岩波仏教辞典』第二版）。

日蓮宗では、本尊と題目のどちらも感覚的に捉えられる存在が、超感覚的・宇宙的な真理＝法と一体化する媒介となるのだが、日蓮正宗ではその感覚的な具象性がいっそう強められている。ただ、日蓮宗に先立って広まった浄土教では、南無阿弥陀仏という唱え言葉（念仏）に阿弥陀仏の救いの願い（本願《ほんがん》）がこめられており、それは宇宙的な力の現れだとするが、それとも通じている。即身成仏や仏の身近な実在を強調する日本仏教の特徴にそったものではある。

だが、日蓮宗では極楽への往生で個人が救われるとする来世志向の浄土教とは異なり、この世界で究極の超越的実在が形を表していくとし、現世《げんせ》への働きかけに主眼がある。これが南無妙法蓮華経という日蓮仏教の「唱題《しょうだい》」の信仰の特徴だが、日蓮正宗では、さらに特定の本尊、それも大石寺にしかない本尊に超越的実在が集約しているとする。加えて、お釈迦様ではなく日蓮こそが究極の悟りの体現者である本仏《ほんぶつ》だとする、すなわち日蓮本仏論という独自の教説をもっている。その本仏である日蓮が定めた本尊の神聖性が強く主張されたのだ。創価学会の信仰は、日蓮正宗が独自に展開させた本覚思想を、さらに現世志向的な傾向を強め、現代化したものとみることもできる（島薗「新宗教と現世救済思想——創価学会の仏教革新」一九九五年）。

創価学会の基盤となった日蓮正宗は、昭和初期までは小さな団体だった。一九三〇年末現在で寺院数六九、説教所・教会数四一、檀信徒数八万二九一人との届け出がある（読売新聞社編『宗教大観』第三巻、一九三二年）。身延山を本山とする日蓮宗主流や、東西本願寺を主力とする浄土真宗、あるいは臨済宗・曹洞宗などの禅宗など、ほかの大きな仏教の宗派から見ればとても小さな勢力をもつにすぎなかった。ところが、その日蓮正宗の内部に大組織に発展した創価学会ができた。宗派の一部の「講」であるはずの一つの信徒集団が、きわめて大きなグループになり、もともとの母体よりもはるかに大きな規模をもつに至ったのだ。

第2章

創価学会——弾圧と戦後の変容

†牧口常三郎の「価値論」と戸田城聖の「生命論」

創価学会では、日蓮正宗の教えが牧口常三郎《まきぐちつねさぶろう》の思想で大きく転換し、続いて戸田城聖《とだじょうせい》の思想が加えられて、宗教運動として大発展期を迎えるに至った。戸田城聖会長の時代には、政治団体をつくって選挙に打って出るという展開もあった。さらに一九六〇年代に入ると、池田大作が第三代会長となり、東西冷戦の超克を含意する「第三文明」「仏法中道論」のようなヴィジョンを指し示す。そして、政治的な含意をもつ文明論的な思想を組み込み、平和や環境など、現代世界の諸問題について応答しようとする言説を展開する。他方、海外進出を進め、グローバル社会で独自の影響力を示そうとしてきた。

牧口常三郎の「価値論」と戸田城聖の「生命論」、池田大作の「対話」など、それぞれの指導者が独自の理念や方向性をつけ足してきてはいるが、「生き甲斐のある人生とは大本尊を通して宇宙大生命と一体化して幸せになっていくことだ」という基本的な信仰は変わっていない。

第1章でも述べたが、牧口は「教育とは子供に価値創造ができるようにしていくことである。自らの力で新しい価値を創造していける人間を育てる。そのための教育が必要だ」と考えた。

池田大作、32歳の会長就任式
（第22回本部総会、日大講堂、1960年5月3日）

では、どのような価値が高次の価値なのか。価値を序列化するためには最高の価値を知る必要がある。それこそが仏法であり、日蓮正宗が主張する曼荼羅本尊に体現されている価値になるわけだ。だが、そのようなやや理の勝った教えでは、生活の中での困難を打ち破って前進していく信仰の力を生むのに十分ではない。そこで、戸田城聖は新たに「生命論」を付け加えることになった。

†戸田城聖の「生命論」体験

戸田城聖が創価学会を再建するときに加えられた「生命論」は、戸田城聖が監獄の中である種の救済体験を得たときのひらめきが土台となっている。

いまから十年前に、「仏とは何であろうか、いるのか、いないのか」と考え、仏教書を読んだがわからず、無量義経《むりょうぎきょう》につきあたりました。それには「其の身は有に非ず亦《また》無に非ず……紅《く》に非ず紫《し》種種《しゅじゅ》の色《しき》に非ず」（無量義経徳行品第一）とあり、真剣に悩み考えたすえ「仏とは生命なり」と考えが開けました。そして十界論から南無妙法蓮華経と仏とはいかなる関係かを悩んだすえ、仏の名であることがわかったのです。あらゆる人の宿命を、転換しうる力を備えられた久遠元初の、宇宙の根本の力、最高の仏と気づき、これよりあらゆる仏典が読めるようになりました。（戸田城聖全集出版委員会編『戸田城聖全集』第二巻（質問会編）、聖教新聞社、一九八二年、一一二ページ）

「無量義経《むりょうぎきょう》」（開経《かいきょう》）というのは「仏説観普賢菩薩行法経《ぶっせつかんふげんぼさつぎょうぼうきょう》」（結経《けっきょう》）とともに法華経とセットで「法華三部経」として読経されるものだ。獄中の戸田城聖はこの無量義経の一節に目を止め「仏とは生命である」とひらめいた。「南無妙法蓮華経」と唱題すれば、あらゆる宿命を転換できる。本尊に向かって題目を唱えることで、その宇宙大生命である仏と一体になり、この世での生命を拡充することができる。宇宙的な生命の力であらゆる問題が解決し、幸せな人生を送ることができる。

自らが仏のいのちに満たされ運命を変えていく——これこそが日蓮仏法の真髄だという理解に至り、これを「生命論」とよんだ。戸田城聖はこの「宿命転換」に至る自己変革を、後に「人間革命」ともよんだ。戦後、東大総長を務めた政治学者の南原繁《なんばらしげる》がよく用いた語だが（『人間革命』一九四八年、『文化と国家』一九五七年、所収）、それを創価学会の信仰の文脈に置き直して用いたのだ。

一九五〇年代の創価学会の信仰実践は、単純化して捉えると、大石寺からいただいた曼荼羅本尊の写し（「御本尊様」）を自分の家に奉戴し、勤行《ごんぎょう》（唱題し、法華経の短い抜粋を唱える）を行い、激しく折伏することに集約されていく。「御本尊様」をお迎えするときは、今まであった神棚や仏壇をすべて廃棄し（「謗法払い《ほうぼうばらい》」とよばれる）、唯一の真理が宿るとされる本尊を安置する。そして朝晩はそこで勤行する。この信仰によって自分の運命を変えることができ、さらには国家・社会も変えることができる、そして、それは世界中に広まるべき究極の真理である、このような信仰として広められていった。

†『折伏教典』の時代

戸田城聖が亡くなってからおよそ一〇年後の一九七〇年頃までは、戸田の指導の下で一九五〇年代にまとめられた『折伏《しゃくぶく》教典』（初版は一九五一年）が創価学会の信仰活動の思想面の柱になっていく。これは創価学会が奉じる日蓮仏法を戸田城聖の信仰理解に沿ってわかりやすく説明したものだ。第1章でもふれたが、「折伏」は「摂受《しょうじゅ》」の対義語である。摂受というのは相手を尊重しながらやわらかく教えを伝えること、対して折伏は相手を屈服させ信仰に従わせるために攻撃的な論戦を挑んでいくことを意味する。日蓮自身の時代から日蓮宗は他宗に対して積極的に折伏する攻撃的な態度が際立っていた。他宗はすべて誤りであって、日蓮の唱える真理に服さなければならないという排他的な思想である。

『折伏教典』（創価学会教学部編、創価学会発行）は版によって変化があるが、私の手元にある一九六九年の改訂三九版を見ると、「総論」と「各論」に分かれていて、およそ三対一の割合になっており、総ページ数四〇三である。「総論」は次の一四章からなっている。

第一章「生命論」、第二章「一念三千の法門」、第三章「人生の目的と幸福論」、第四章「日蓮大聖人と末法の民衆」、第五章「宗教批判の原理」、第六章「釈迦一代仏教と日蓮正宗」、第七章「既成諸宗派と日蓮宗各派の批判」、第八章「外道および民間信仰の実態」、第九章「日蓮正宗の歴史」、第十章「三大秘法の本尊」、第十一章「折伏論」、

第十二章「宗教革命と日蓮正宗」、第十三章「王仏冥合《みょうごう》と第三文明」、第十四章「価値論」。

第一〜三章、第十二〜十四章が創価学会独自の信仰の解説、第四章、第六章、第九章が日蓮仏法と日蓮正宗の解説、さらに、第十〜十一章が日蓮正宗の教義の中で強調すべき論点、第五章、第七〜八章が、他宗教他宗派の解説で、論争するときにどう批判するかを視野に入れた論述だ。

†他の宗教や信仰への厳しい批判

後半の各論は次の五章からなる——第一章「信仰に無関心な者に」、第二章「信仰に反対の者に」、第三章「他の信仰に関心を持つ者に」、第四章「求めている者に」、第五章「入信した人のために」。各章の題から明らかなように、「どのように説得するか」を意識し、実際的な説得・論争指南を行おうとしたものである。

日蓮宗にはもともと「四箇格言《しかかくげん》」という他の宗派を批判する言葉がある。四箇格言の中で日蓮は「真言亡国《しんごんぼうこく》」「禅天魔《ぜんてんま》」「念仏無間《ねんぶつむけん》」「律国賊《りつこくぞく》」と、他宗を邪宗として厳しく批判した。そこには排他主義的な真理の捉え方があって、「こうでなくてはいけない。他の宗派は真理を貶めたり汚したりするものだ」というのだ。現代科学と「生命論」や「価値論」が整合的であることも含めて、他の宗教や信仰の立場を厳しく批判し、日蓮正宗を踏まえつつも創価学会の独自性を強く押し出すとともに、創価学会の信仰に導くためのたいへん実際的な手引書としての性格ももっている。

そもそも東アジアの大乗仏教は、「教相判釈《きょうそうはんじゃく》（教判《きょうはん》）」といって、どの教えがいちばん尊いのか、大切であるのかを評価して判断することに大きな意味をもたせていた。中国の教相判釈の中ではさまざまな考え方が出てくるが、その中で天台の教判は法華経こそがいちばん尊いとしたものだ。もちろん法華経は「法華経こそがお釈迦様の説いたいちばん尊い教えだ」と主張しており、日蓮宗もそれを受け日蓮の教えこそが尊いと主張している。しかし、法華経の支持者や日蓮宗の中にはどちらかというと排他主義には向かわず、「法華経・日蓮は尊いけれども、その他のものもそれなりの意義をもつ」と考える宗派もある。新宗教でいえば、後述する立正佼成会《りっしょうこうせいかい》がそれに該当する。

日蓮宗はいちばん尊いものとそうでないものを区別し、いちばん尊いものだけを尊ぶことが重要だと考える。排他的な日蓮宗の中でもさらに排他主義の色が濃いのが日蓮正宗だ。そこへ価値論が加わって、排他主義を近代的に再確認していった。さらに生命論を組み込んで『折伏教典』が出た頃には、「日蓮正宗が正しい」とした上で、「牧口や戸田の理解した価値論や生命論によって現代人の生き方を捉え直す」という内容が冒頭に書かれ、さらに「他の思想や宗教ではだめなのだ」という内容が続く構成だ。

†「科学と宗教の一致」という論

興味深いのは、『折伏教典』に「科学と宗教の一致」という内容が記載されている点だ。生命論の中には「現代の科学と創価学会の思想は一致する」という主張が込められている。最初は教育学の団体だった創価教育学会の名称に、戦後になっても「学会」がついているのは、「現代の科学と一致できる宗教である」という考え方が含まれているからだ。それが、創価学会には時代遅れになった他の宗教・宗派とは異なる現代性がある、という主張にもなる。

『折伏教典』は論争の手引書の色合いを帯びており、創価学会の理解する日蓮仏法だけが正しいという旨が書かれている。そして、五〇年代、六〇年代の創価学会メンバーは、『折伏教典』にのっとって他宗派の人々、無宗教の人々に好んで論争をしかけ、攻撃的な「折伏」による布教を続け、驚異的な速度で教勢を伸ばしていった。創価学会が強調する思想には「謗法《ほうぼう》」という言葉がある。日蓮仏法以外の思想は日蓮仏法を誹《そし》る、はむかう、けなす、貶《おとし》めるものだという意味で、だから排除しなければならないということになる。

こうした姿勢から、急成長期の創価学会の活動は攻撃的な性格を帯びていた。一九五〇年代、六〇年代には、学会員が一軒一軒、伝統仏教寺院を含むあらゆる家の玄関を叩いて論争を挑んだ。「破邪《はじゃ》」といって、相手を論破し、屈服させて入信させ「大御本尊様」を勧請《かんじょう》させた。そうして前に置かれていた仏壇神棚などの礼拝対象を除去・焼却させる。これを「謗法払い」という。常に「敵」を想定し、攻撃的に関わりあおうとする姿勢が続いていく。無論、社会からは激しい反発を招いている。だが、座談会で支え合う信仰仲間の結束は固かった。この時期の創価学会の勢いは目を見張るものがあった。

†創価学会の拡大と政界進出

戸田城聖は晩年、創価学会が急成長する中で政界進出を決める。地方議会に立候補するところから始め（一九五五年）、やがて参議院（五六年）、そして衆議院（六七年）へと進出していった。最初は創価学会文化部、続いて公明政治連盟を名乗っていたが、やがて公明党（六四年）として候補者を擁立していくようになる。そして、六〇年代を通して、議員の数は着々と増加していった。

なぜ政界に進出したのか。これはいろいろな解釈ができるが、一つはそもそも日蓮宗には「立正安国論《りっしょうあんこくろん》」という思想があり、正法を立てること、あるいは国家が（正法を）採用することによって国が平和になり、栄えるという考えがあることが挙げられる。まちがった思想や宗教に従っているために不幸や災害に襲われる、あるいは戦いが起こり国が滅びるという考えである。日蓮には災いの予言があり、かつては蒙古襲来などを予言したといわれていた。信仰活動をすることは、個人の宿命を転換するとともに日本の国を救うことになるという考え方のもとに布教活動をしていたのだ。

かつて、第二次世界大戦の頃までは、日本人は国に高い誇りをもっており、戦時中には世界中を日本の考え方で導いていくというような驕りに取り憑かれもした。しかし、それが敗戦によりあえなく潰え、行方を見失っていた。そこに登場したこの思想は、民衆に高い希望を与えたものと考えられる。戸田城聖はそれを踏まえて「王仏冥合《おうぶつみようごう》」を唱え、第三代会長の池田大作はそれを引き継ぎ、「第三文明」を唱えて、東西冷戦の世界情勢の中で日蓮仏法にもとづく「中道」の政治を掲げたのだった。

†政治を通して正法を世に広めるという思想

また、仏法を広めるには国家が仏法に依拠することが必要だとする考えもある。日蓮は後世に「御《ご》遺命《ゆいめい》」と呼ばれる、遺言にあたる予言的な課題を託した。それが明確に述べられている「三大秘法抄《さんだいひほうしよう》」と呼ばれる文書がある（ただし、真筆かどうか疑う学者もいた）。

そこに、正法を形にする三つの大きな課題として、「本門の題目」「本門の本尊」「本門の戒壇《かいだん》」が挙げられている。

「本門の題目」は「南無妙法蓮華経」を指し、創価学会でとくに変わったところはない。ところが、日蓮正宗は「本門の本尊」を大石寺にあった曼荼羅と捉えている。創価学会も同じように捉え、それこそが究極の真理の源泉だとし、大石寺の曼荼羅本尊こそが人類の精神文化の中心であり、それを日本の国（天皇と最高為政者）が認めることを目標としていた。また、「本門の戒壇」とは正法を実践し広めるべき僧侶が正式な授戒を受けて、サンガ（僧伽《そうぎや》）をつくっていく場所である。日本仏教では戒壇を整えることが大きな課題として意識されてきた歴史がある。七〇〇年代に唐から鑑真を招聘して、東大寺に戒壇ができ、筑紫《つくし》の観世音寺や下野《しもつけ》の薬師寺にも設置された。さらに、九世紀のはじめに最澄の求めによってそれとは異なる大乗戒壇が比叡山延暦寺《えんりやくじ》に設置されている。

日蓮正宗では、それにかわる「本門の戒壇」を富士の大石寺に設立することを日蓮が後世に託したと信じている。そして国家が戒壇をつくって正しい仏法を世に広めることを理想とした。戸田城聖の時代の創価学会は、国政選挙に打って出て国会で多数派をとり、日蓮仏教を精神基軸とする国家を樹立することを目標に据えていた。やがて一九七〇年に、これが日本国憲法の政教分離の規定に反すると批判され、取り下げることになる。しかし、政治に打って出る時期の創価学会のメンバーは日蓮正宗を引き継ぐ正法国家を樹立するという思想をもっていた。

なお、戸田城聖が「国立戒壇」という語を用いて、『三大秘法抄』の思想をもち出すようになった背景には、戦前に日蓮主義を掲げて国柱会《こくちゅうかい》の運動を導いた田中智学《ちがく》が「国立戒壇」の語を用いた事実がある。昭和初期に日蓮仏法による政治改革運動、時にはテロリズムと結びつくような運動がたくさん起きたが、そこには田中智学の影響が強くあった。田中智学の思想は国体論に結びついており、創価学会にはこの国立戒壇論が一部受け継がれている。これについてはのちに触れることにする。

†集団活動が組織強化に役立つという発想

戸田城聖が政治へ乗り出したもう一つの理由は、選挙を行うことで、信仰のエネルギーをより強く引き出すためであった。明確な目標を掲げて集団行動をすれば、そのこと自体が信仰集団としての創価学会をより力強くする。創価学会は政治活動だけでなく、さまざまな文化活動も行っている。たとえば民音《みんおん》(民主音楽協会)に入っていれば、レコードを貰えたり、音楽会に安く参加できたりする。文化祭の開催や労働組合の組織、オーケストラなどさまざまな文化団体の組織、創価大学の設立、美術館の建設など、社会の多様な領域で日蓮仏法にのっとったと位置づけられる活動をしている。信仰をもった個人が活動するだけでなく、社会へのさまざまな活動領域で日蓮仏法を掲げた人たちが勢力をもって活動していく。その活動が宗教集団の活力につながると考えた。

その路線は戸田城聖から池田大作三代会長に引き継がれ、現在に至っている。このように宗教集団でありながら、政治活動を熱心に行う、地方議会から国政まで打って出て政治に取り組む――これが創価学会がいちばん元気な時代の活動であった。

その頃の創価学会は日蓮正宗とつながっていたので、大石寺にお参りする「登山《とざん》」をたいへん重要視し、団体参拝をしていた。登山とは大石寺に参拝し、そこにある曼荼羅本尊の扉が開かれるときに唱題することを眼目とするものだ。一九六〇年頃には、曼荼羅本尊を祀るための正本堂《しょうほんどう》を建立する目標を立てる。そして信徒が七五〇〇万世帯を達成した一九七二年には、巨大な正本堂を大石寺の伽藍の背後に完成させた。これは日蓮正宗の教えを世界に知らせる「広宣流布《こうせんるふ》」達成の指標とされ、信仰活動の一大目標となっていた。

†第三代会長池田大作と創価学会批判

池田大作(一九二八―　)第三代会長は、戸田城聖の急逝を受け、一九六〇年に会長に就任した。そして、その後一〇年は目覚ましい教勢の伸長が続いた。公明党の成長期ともなった。さらに、池田会長は教義の解説者としても、平和と文化の指導者としても、大きな役割を負っていく。

一九六〇年代を通して、創価学会は大きな会場を借りて、メンバーがマスゲーム的なパフォーマンスを行う「文化祭」を開催した。一九六三年には民主音楽協会（民音）を設立、これは労働組合系の労音《ろうおん》（勤労者音楽協会）にならったものだ。

六五年には池田大作が自己の生涯と創価学会の歴史を描いた大長編小説『人間革命』の連載が始まる（九三年まで）。すでに戸田城聖が一九五一年から五四年にかけて妙悟空《みょうごくう》の名で小説『人間革命』を聖教新聞に連載し、五七年には書物として刊行されており、当初はこれを引き継ぐ意味をもったものだが、連載は二八年続いて大長編となり（書物は全一二巻）、さらに九三年から二〇一八年まで『新・人間革命』が連載され、次々と書物になる（全三一巻）。創価学会の歴史を物語の形で叙述し、それが聖典に等しいような信仰の拠り所の書物としての意義をもつようになる。これらの書物は主人公、山本伸一《しんいち》のモデルである池田大作が、偉大な指導者として尊崇されてきたことの証《あかし》ともなっている。

六八年には創価中学校、創価高校、七一年には創価大学が設立される。とりわけ、大きな効果をもつようになるのは、世界の平和や学術・文化の指導者との「対話」だ。一九七五年に刊行された、著名な歴史学者で文明論者でもある、アーノルド・トインビーとの対話、『二十一世紀への対話』がその始まりで、平和と文化の世界的指導者という像を形づくっていった。

だが、その間に布教活動が最盛期を過ぎようとしていた。絶頂期ともいうべきまさにその頃、言論出版妨害事件が起こった。創価学会を厳しく批判した『創価学会を斬る』という一九六九年刊行の本を、出版できないよう創価学会が妨害したとされる事件だ。藤原弘達《ふじわらひろたつ》（一九二一-九九）という政治学者が書いた本である。それが暴露されると、創価学会は世論から厳しい批判を浴び、一つの宗教によって国を動かそうという創価学会と公明党が一体となった組織のあり方、あるいは他宗教への攻撃など自らの宗教一色に人々を染めることを目標とする活動のあり方自体も厳しく批判された。

そのため、それまでの創価学会の上層部のメンバーがそのまま公明党の幹部になるなど宗教団体と政治団体がほぼ重なりあっていた体制を変更し、創価学会と公明党の組織を分けることで政教分離にそった体制に転換することになった。この事態は池田会長時代の創価学会が経験した大きな挫折である。だが、その後も池田名誉会長の意思が公明党に強い影響を及ぼしているのではないかとの批判を受け続け、創価学会・公明党は自民党からの池田国会証人喚問要求をはじめ、野党、とりわけ共産党など、他政党との対立に苦しむ状態が続いた。

†創価学会と日蓮正宗の対立

その後、創価学会と日蓮正宗（富士門流、大石寺）の間に軋轢《あつれき》が生まれる。日蓮正宗の中で圧倒的な規模を誇る創価学会が日蓮正宗を牛耳っていることに、大石寺の僧侶を中心とした伝統的な日蓮正宗の集団が反発し、対立が表面化するのは一九七八年頃からである。これを受けて池田大作は会長を退き、以後、名誉会長となった（創価学会インタナショナル＝ＳＧＩの会長の地位はその後も保った）。『人間革命』が新たな聖典のような位置づけを与えられるのはこうした軋轢の中で、池田名誉会長の権威を強めようとしたことと関わりがある。それまでも強まってきていた会長への個人崇拝がさらにいっそう強められることにもなった。

その後も、創価学会と日蓮正宗の対立は深まっていき、相互に非難を浴びせあうような関係が続き、一九九一年、ついに創価学会は破門される。やがて創価学会が大石寺に建立した巨大な礼拝施設、正本堂は破壊され、創価学会は大石寺からいわば追い出されたことになり、登山（参拝）もできなくなった。創価学会会員のための葬儀は僧侶なしに行われるようになり、在家である創価学会員が司式をする「友人葬《ゆうじんそう》」が行われるようになる。また、大石寺から勧請していた、曼荼羅本尊の写しが授与されないこととなる。在家主義がさらに徹底されたわけだが、かつては信仰の支えの一つだったはずの大石寺への「登山」（参拝）と板曼荼羅本尊（大御本尊様）への直接礼拝もできなくなる。

その結果、のちに創価学会の最大の聖地は創価学会の本部がある東京の信濃町《しなのまち》に変わることになる。信濃町の教団本部が拡張され、「広宣流布大誓堂《こうせんるふだいせいどう》」が設立され、正式にそこが聖地化されるのは二〇一三年のことだ。また、すでに二〇〇二年には、初代牧口、第二代戸田、第三代池田の「三代会長」を、「永遠の指導者」とする規定を定めている。池田大作が最後の偉大な究極的指導者とされるとともに、以後、現存のカリスマ的指導者への崇敬が生じない体制へ移行することを確認するものだ。大組織を安定的に維持する官僚制的傾向を是認し、強化していこうとするものともいえる。教義と教学そのものも新たなものへと転換する動きが進んでいく。

†自公政権の時代の創価学会

一九九〇年代末から創価学会は自民党と組んで与党になり、国政をリードする立場になる。長年、自民党からの政教分離違反批判に苦しんだあげくのことである。そして、一九九九年から自公政権の時代が続く（二〇〇九年から一二年の民主党政権の時代を除く）。なぜそうなったのだろうか。もともと公明党は保守と革新の二大勢力が張り合う「五五年体制」、また世界的には自由主義と社会主義の冷戦構造の下で、「仏法中道論」や「第三文明」を掲げ、中道路線をとっていた。自民党政権の下ではどちらかといえば野党的な立場に立つことが多かった。一九九三年から九四年にかけて非自民・非共産連立政権に参加したり、九四年から九七年にかけては新進党に参加したりして、非自民政権を展望する勢力の重要な一角を占めた時期もあった。

ところが、その後、公明党の立場が大きく変わる。そのもとをたどると、言論出版妨害事件以後、しばしば公明党と創価学会は政教一致の点において攻撃され、池田名誉会長は証人喚問を求められそうになった。公明党と創価学会は、そのことで諸政党に批判されたが、とりわけ自民党による批判が脅威となった。非自民の立場に立つ限り、自民党からこの側面で大きな打撃を受ける可能性があった。折しも一九九六年から衆議院選挙が小選挙区制となると、自民党が公明党に接近し、公明党は自民党と組むことのメリットを選ぶようになり、一九九九年以来、自公連立政権の与党の立場を目指すようになった。

しかし、自民党の右傾化が進み、平和主義や中道主義との齟齬《そご》が目立つようになると、公明党の独自色を出すことが容易でなくなってくる。自衛隊の海外派兵、集団的自衛権の否定など、池田名誉会長の発言してきたことに反するような政策にも従うようになると、創価学会員の中には自公連立を支持できないと考える人が増えてくるようになる。創価学会の中には衆議院議員選挙からの撤退を求める声もある。

また、選挙活動がそのまま信仰活動となり、公明党から多くの当選者を出すことが、教団組織の主要な活動となるような傾向への批判も高まっている。元来は「立正安国」を動機とするものだったとしても、実際には教団の組織維持を動機とする特殊な信仰活動のために、日本の政治が動かされることになる。熱心な信徒が得票数を増やすために時に高齢者や病人までも選挙に駆り出したり、選挙での投票の依頼のためにふだんからさまざまな活動が行われる傾向も目立ち、集団の構成員の数に相応しない大きな政治的影響力を行使していることへの批判が絶えない。その批判をかわすために与党である自民党に与《くみ》することは、ますます集団利益のために政治が利用されるとの懸念を増幅する結果を招いている。

†海外での発展と安全保障政策

戦後の創価学会の歴史は、一九七〇年を一区切りとして考えるのがよいだろう。一九七〇年には国内人口の三ないし四パーセントが創価学会の信者となっていた。日本の宗教地図を大きく塗り変える新宗教最大の集団ができていたのだ。日本の仏教の歴史という観点から見ると、二〇世紀に入って、それまで最大の勢力であった浄土真宗と並ぶかそれ以上の勢力をもつ最大の仏教集団が成立したことになる。来世志向から現世志向の仏教への転換を象徴する変化といえるだろう。

しかし、一九七〇年代以降、創価学会のメンバー数の大きな上昇は見られない。二一世紀に入って公明党の得票数も下降傾向が目立つようになっている。他方、海外での創価学会、すなわち創価学会インタナショナル（SGI）は一九七〇年代以降も発展が続いている（第12章、参照）。日本国内の政治とは関わりが薄いSGIでは、今も平和主義の傾向が強い。

ところが、日本国内の創価学会は自公政権で与党の立場に立って以来、平和主義の立場を弱めている公明党を支持し続けている。いまだに公明党の指導部は創価学会と一体であり、このような公明党の姿勢の変化は、創価学会指導部の意向にそったものとも評価されている。二〇〇三年から二〇〇九年にかけての自衛隊のイラク派遣や、二〇一四年の安倍政権の下で集団的自衛権の限定的行使の閣議決定に公明党が参加したことは、従来の創価学会や公明党の立場とは異なるものだとして、批判的なメンバーが離脱するきっかけになった。創価学会内部では、安全保障政策での自民党との協調が池田名誉会長の思想に合致しているかどうか、疑う人々が存在し続けている。

†核兵器禁止条約をめぐって

たとえば、二〇一七年に国連で採択された核兵器禁止条約の成立に向けて、創価学会とSGIは多大な努力を行ってきた。二〇一七年にノーベル平和賞を受賞した核兵器廃絶国際キャンペーン（ICAN）も協力者としての創価学会を高く評価している。これは、一九八三年以来、一月二六日の「SGIの日」に発表される池田大作SGI会長の「提言」で、非核化がつねに掲げられてきたことと関わっている。これ以前にも核兵器廃絶が打ち出されており、創価学会は国内外でこのテーマに積極的に関わってきたのだ。

しかし、日本政府は核抑止論を支持する立場に立ち、核兵器禁止条約に冷たい態度をとってきている。政権与党である公明党がこのような政府の態度に追随していることに、創価学会員、とりわけSGIのメンバーが不信感をもつ傾向が強まっている。これもまた、自公政権下での創価学会の政治との関わりの危うい要素となっている。

二〇一九年の参議院議員選挙では、沖縄の創価学会メンバーが東京地方区に、れいわ新選組から立候補して注目を浴びた。選挙の際の出口調査では、公明党支持者ではあるが選挙では野党に投票する人々がおり、地域によってはその割合がかなり高い。比例代表選挙での得票数の低下傾向も続いており、自公連携を維持し続けるのかどうか、日本の国政の方向を左右するものとして注目されている。

第3章　法華系の新宗教——霊友会系の新宗教教団

日蓮系、法華系の新宗教系集団というと、最大の教団は創価学会だが、それよりもう少し早い時期に、もう一つ急成長を遂げた日蓮系の新宗教教団ができている。霊友会《れいゆうかい》である。他に日蓮系の目立った教団としては、明治期に基盤ができた本門佛立講《ほんもんぶつりゅうこう》（のちに本門佛立宗となる）や明治末期に形成された法音寺《ほうおんじ》（仏教感化救済会が前身、大乗教《だいじょうきょう》は分派）もあるが、規模の大きさからいえば、創価学会と霊友会系諸教団が日蓮仏教系新宗教の二大潮流といえる。

†西田無学、久保角太郎と霊友会の誕生

霊友会の創設者の一人は久保角太郎《くぼかくたろう》（一八九二－一九四四）である。千葉県の漁民の出身で、大工として身を立て、さらに工手学校《こうしゅ》（現在の工学院大学）建築学科を卒業し（一九一八年）、建築家として勤務した時期もあった人物だ。この久保角太郎に協力して女性リー

ダーになったのが小谷喜美《こたにきみ》（一九〇一－七一）だ。霊友会は主にこの二人によって創設された。

この霊友会からは多くの教団が分かれていった。孝道教団《こうどうきようだん》、立正佼成会《りつしようこうせいかい》、妙智會教団《みようちかいきようだん》、霊法会《れいほうかい》、思親会《ししんかい》、佛所護念会《ぶつしよごねんかい》、妙道會《みようどうかい》、大慧会《だいえいかい》、正義会《せいぎかい》などである。このように霊友会系の教団はたくさんあるが、その多くが男女のリーダーがペアを組んでいるという特徴がある。組織統合の力をもつ男性の指導者と霊能力をもった女性の指導者がコンビで信仰を広める形態をとる。主要な修行は法華経による先祖供養《せんぞくよう》で、その思想の源流をたどると西田《にしだ》無学《むがく》（一八五〇－一九一八）という人物に行き着く。

†西田無学の「在家による先祖供養」

西田無学は本名を利蔵《としぞう》といい、伊勢国飯野郡横地村、現在の三重県松阪《まつさか》の出身だ。神奈川県の横須賀や横浜で貧しい労働者の一人として働いたのち、船の修理材料をつくる事業で成功し、安定した地位を得る。やがてその息子である延吉が法華経を信仰するようになったが、一九〇三年に二四歳と若くして亡くなってしまう。

それをきっかけに利蔵は息子の信仰活動を引き継ぐことになり、法華経の中にある「仏所護念」という言葉を「先祖供養をせよ」という意味に解釈し、法華経による在家信徒自身の先祖供養を始めた。そして、「先祖供養がしっかりなされていないために国が乱れている。先祖をしっかり供養せず仏に守られていないことで魔がはびこる。だから、しっかり先祖供養をしなくてはならない。それによって自分や家族も幸せになるし、国家を守ることもできる」という思想を説いていく。

この考えの中には、僧侶ではなく、在家《ざいけ》の信者自身が行う修行や儀礼が重要だという在家主義の考え方が入っており、「在家仏教」が強調される。創価学会も僧侶ではなく在家の団体として始まり、やがて僧侶の集団とは独立した集団になっていったが、西田の考える先祖供養も、僧侶に任せておくのではなく、在家信者自身が供養《くよう》していくことを説いている。この点、創価学会と霊友会は共通の性格をもっている。

†久保角太郎と女性霊能者

西田無学自身に従った人々の集団は大規模にはならなかったが、久保角太郎がその考え方を引き継ぎ、組織化に成功していく。角太郎はもともと千葉県九十九里で漁業を営む松《まつ》鷹《たか》という家の四男だった。建築家を目指して東京で学んでいた一九二〇年、ちょうど西田無学が亡くなった直後あたりに、但馬《たじま》の出石《いずし》藩の仙石《せんごく》家という大名の家令であった久保家に養子入りした。久保家はたいへん由緒ある家柄だったが、そこの老女である志《し》んは「神経衰弱」で、その世話をするのに角太郎は苦労したようだ。

その後、角太郎は松鷹家の縁者であった山口かねを通じて西田の教えに接し、先祖供養の教えに入る。そして一九二一年頃から若月《わかつき》チセという、下総中山《しもうさなかやま》にある中山法華経寺《なかやまほけきょうじ》の系統の女性シャーマンと組んで、教えを広めようとした。

日蓮宗には、女性に神霊を憑依《ひょうい》させて霊界の言葉を語らせる、霊的行者の信仰の系譜がある。明治期以来、右翼的な革命思想を説き、二・二六事件の黒幕として死刑に処された北一輝もそのような信仰をもっていた。西田から霊友会に引き継がれた流れでは、女性に神霊が降りて託宣を受け、それによって霊的な判示をするのだ。女性の霊能者と男性のリーダーという組み合わせは、日本では長い歴史があり、修験道《しゅげんどう》にもそのようなシャーマニズムの形態がある（憑祈禱《よりぎとう》）。邪馬台国の卑弥呼まで遡ることもできるかもしれない。のちに述べるが、神道から広がった大本《おおもと》（教）でも、女性リーダーの出口《でぐち》なおが神がかりとなり、男性リーダーである出口王仁三郎《でぐちおにさぶろう》が集団を統率している（詳しくは第4、5章）。

†小谷喜美と安吉の修行

久保角太郎が若月チセと組んで活動していた時期はさほど長くない。やがて自分の兄である小谷安吉《やすきち》（一八八五－一九二九）、またその妻である小谷喜美と組むようになった。小谷安吉は松鷹家から小谷家の養子になり、神奈川県三浦郡南下浦町の飯田喜美と結婚した。喜美は海に面し、漁業や農業で生計を立てている地域で育ったが、たいへん貧しい子供時代を過ごしている。小学校は五年ぐらいしか通えず、東京で女中奉公をすることになった。

喜美は二四歳の一九二五年、一六歳年上の小谷安吉と結婚した。その頃、安吉は腰痛に苦しんでいたが、弟の角太郎に勧められて夫婦は霊友会の信仰に入っていくことになる。小谷安吉と喜美は久保角太郎によって、赤坂の久保家貸家で水をかぶって題目（南無妙法蓮華経）を唱える水行などの厳しい修行を行い、自己の体験によって信仰を確立していくよう導かれた。創価学会も同様だが、この時期のリーダーには貧しい田舎で病気をしたりして苦しい生活を送り、それから都会へ出てきた人たちが多い。苦労した人物が信仰に目覚め新しい仲間の支えを得て生活を立て直し、宗教集団をつくっていったのだ。

久保角太郎（右）と小谷喜美（左）、大日本霊友会時代（1937 年、本部講堂落慶式、霊友会提供）

†霊友会の発展と信仰活動の特徴

霊友会は大正から昭和に変わる頃、その名を冠するようになった。久保角太郎は、夫婦双方の家の先祖を供養する「双系先祖供養」を仏教史上はじめて開いた。小谷安吉が死亡した一九二九年には、すでに霊友会の会員は二〇〇人から三〇〇人いて、翌一九三〇年には霊友会の発会式《はっかいしき》が行われている。

一九三四年には『大日本霊友会報』（月二回刊行）が発行されるが、その中には久保角太郎が書いたものや語ったことはほとんど出てこない。小谷喜美もそれほど登場せず、中心は信徒たちが語る体験談だ。これは霊友会の一つの特徴で、法華経にもとづく先祖供養とはいっても、法華経の教えについて詳しく解説をしたり学んだりはしない。自ら信仰体験を得ることを重視し、さらにその体験を語ることを「発露《ほつろ》懺悔《ざんげ》」とよんで勧める。信仰集会でも体験談を語ること、また体験を語って他者を信仰に勧誘すること（「導《みちび》き」とよばれる）が中心的な活動になり、『大日本霊友会報』も体験談の記事が紙面の多くを占める。

教義に関しては、日本語に読み下した法華経を読誦《どくじゅ》することで、自ずから身に付くものだとする。とりわけ、法華三部経からの抜粋を主体に編集された「青経巻《あおきょうかん》」とよばれる手頃な長さの経典をつくり、それを毎日読誦するとともに、法華経の読誦も勧める。ただし、信徒自らが悟り、語ることを重視し、教えの解説はしない。

そこで語られるのは、信徒自らの苦悩や信仰の体験だが、その内容の多くは家庭や職場の悩み苦しみを語り、お経をあげたり、水行をしたり、導き（お導き）をしたり、法華経の教えにもとづいて「自己変革（「心なおし」と呼ぶ教団もある）」をすることによって幸せになることができたとするものだ。「心なおし」というのは、広く新宗教に見られる内省の実践を指すもので、この語を用いる教団もあるが、私は日本の多くの新宗教が共有するものとしてこの語を用いる。世直し、病気なおしとともに心なおしこそが新宗教にとってきわめて重要な実践と捉えているが、霊友会系の教団においてもそうである。

†法座・先祖供養・お導き

創価学会の特徴的な活動形態の一つに座談会がある。教団の発展期には家庭で行われることが多く、地域のリーダーの家に集まって教えの勉強をしながら語り合い、その中でさまざまな悩みを話すものだ。霊友会にもそれに似た活動があり、「つどい」、「法座《ほうざ》」などとよばれる。

法座にはいくつか意味があり、霊友会が用いる祭壇のこともそうよんでいる。霊友会では、入信するとすぐに「総戒名《そうかいみょう》」というものを家の中に飾る。総戒名とは、その家の先祖全体を祀るための戒名で、夫の家と妻の家の先祖の全体を祀るものだ。たとえば、「諦生院法道慈善施先祖○○家○○家徳起菩提心」というように必ず「生院徳《せいいんとく》」の文字が入っている。そして、左右に「○○家」「○○家」と夫婦それぞれの生家の姓を記すものである。その上で、夫婦に縁がある先祖や死者たちを思い起こして、それぞれに新たに霊友会の法名をつけ、「霊鑑《れいがん》」という過去帳に記していく。その日が命日にあたる人に戒名をつけてもらって書き込んでもらう。毎日、その日が命日である人々のために供養をする。身近な先祖以外の人々のためにも祈るのである。

　このように先祖といっても、ふつうの先祖のように一つの家の先祖だけを祀るのではなく双系の先祖を祀る。さらにそれ以上に広範囲の霊を供養することになっており、中には「三界萬霊《さんがいばんれい》」といって無縁仏まで含まれている教団もある。先祖全体と個々の縁ある死者たちもできるだけたくさん祀ることで、社会の乱れが収まり、家族も幸せになれるというのが西田無学の思想の流れをくむ霊友会系諸教団の信仰である。その総戒名を中心とした祭壇が法座だ。他にも、信徒が集まる場所のことを指す場合もある。

　霊友会では、信徒になると同時に布教することが求められる。これを「導き」といい、それ自身が信仰を深めていくために重要な実践と位置づけられている。創価学会も同じだが、霊友会も信徒になることはすなわち布教者になることで、仲間を広げる活動に加わることを意味する。それによって多くの仲間ができると「法座主《ほうざしゅ》」になり、さらに大きくなると「支部長」になる。そのようにして次々と自分の集団をつくるリーダーが現れて新たな集団になっていくのだ。積極的な信徒にとっては、このようなリーダーへの成長が信仰生活の目標にもなっていく。

†霊友会と創価学会の共通性

創価学会と霊友会に共通に見られるのは、家庭集会を通じて仲間集団を拡大していき、それをやがて大きな組織に展開するという運動形態だ。家庭で先祖供養をしながら、互いがともに先祖供養を行う場をつくっていく。これが霊友会の活動であり、当時、他の新宗教でも行われていったことだ。

霊友会と創価学会を比べると、各新宗教の特徴が見えやすくなる。この二つの新宗教は、法華経あるいは日蓮宗という伝統的な教えを引き継ぎながら、庶民の生活にマッチした信仰形態をつくっていった。現世利益《げんぜりやく》や現世主義的な思想に特徴がある。生活の生々しい悩みと信仰が不可分に結びついているのだ。

「信仰活動は生活の中にこそある。法華経なり日蓮仏法なりの教えにそって生活を変えていく。宿命転換や人間革命（創価学会の用語）、菩薩としての利他行《りたぎよう》など、生活の中にこそ修行があり、生活が変わっていくことが仏教の教えにつながる」と考えている。より幸せになるという希望と結びついていて、とても前向きであるといえる。伝統的な宗教は、死後の世界のように、この世を超えたところに救いがあるという考えであった。二つの宗教はそれとは違い、創価学会では「何度も生まれ変わり幸せになることができる」と説き、霊界を信じている霊友会でもこの世で幸せになることが信仰によって求めるものの中心になっている。

†下からの信仰集団形成

新宗教の信徒の中には、仲間を増やしていくことで、それまで発揮できなかった能力を発揮できる人たちが多数いた。霊友会系の教団はその典型である。とくに三十代から五十代の中年女性が布教の中心となり、新たなリーダー＝フォロワー関係をつくっていったのだ。その中で体験を語り合う。同じような体験を分かち合うけれども、そこに教えにもとづく評価が入っていて、リーダーがフォロワーを指導し、団結が深まっていく。霊友会の場合はとくに体験主義が特徴なので、その中にはある種の個人主義が入ってくる。人から教わったことではなく、あなたの体験を聞く、個人として誇りをもつ、自立するという考え方も入っている。

大正デモクラシーという民主主義が広まる時代、すなわち民衆の参加が是とされる時代は、都市の中で庶民がそれぞれに自分の生活を組み立てるという資本主義的な市場経済の広まる時代でもあった。誰でもが自由な生き方ができるはずだが、また競争社会の中で業績をあげて社会的に上昇していくことも求められる。こうした社会状況の中で、個々人の体験を尊び、それぞれに実力を養っていくという考えが広まったのだ。

しかし他方で、宗教活動は集団主義的でもある。新しい集団の秩序をつくっていく。しかも、そこにはかなり厳しい秩序がある。上下関係もある。中心には指導者崇拝があり、多くの人がリーダーになれる。そして部下を多数配下に従える。リーダーの中心には教団の指導者がいる。リーダーには無条件に従わなくてはならないという点で権威主義的だが、リーダーへの道が開かれているという意味で民主主義的であり、かつ実力主義的であり、多くの信徒が役職をもって上下関係的に組織されているというのが新たな宗教活動の特徴だ。

†立正佼成会とその創始者たち

個人の自立を重んじることと他人の思想・信条や考え方を尊重することの間には、協調関係が成り立つはずだ。しかし、宗教はある信念体系の下に、全体を一致させて統率しようとする強い意志をもつことが多い。霊友会では諸地域のリーダーが強く信徒集団を率いていくほど本部が統制できなくなるという事態がしばしば起こってきた。本部の統率がうまくいかないと新しい教団が独立し、分裂してしまう。

一方、創価学会の場合はある時期まで伝統的な教団の配下にあったので、分裂しにくい形になっていた。また、教団指導者崇拝がたいへん強く、とくに三代池田大作会長になってからは指導者崇拝がさらに強くなっていった。伝統的な仏教の師弟関係の理念を、近代の大衆参加教団において一対マスに適用して、新たな形での師弟関係を強調してきたのだ。霊友会は他の新宗教と比べるとそのような指導者崇拝が強くなかった。

霊友会からは、一九三〇年代と一九五〇年代に多くの教団が独立した。霊友会系教団を全部合わせると相当な数になる。中でも最大の教団が立正佼成会で、一九三八年に霊友会から独立している。この団体のリーダーは庭野日敬《にわのにっきょう》(一九〇六―九九、「開祖」とよばれる)という男性と長沼妙佼《ながぬまみょうこう》(一八八九―一九五七、「脇祖《わきそ》」とよばれる)という霊能をもった女性だ。

長沼妙佼(本名は政《まさ》)は、埼玉県の今の加須市《かぞし》の貧しい大工の子に生まれ、幼くして母を亡くし、病気で悩み、結婚してからは夫の身持ちの悪さにも苦しめられ離婚もした。こうした苦労の中で天理教の信仰に熱心だったこともある。庭野日敬は新潟県の現在の十日《とおか》町市《まちし》の山村、中魚沼郡の菅沼《すがぬま》に生まれ、農業を営んでいた家の次男である。小学校を卒業したあと東京へ出てきて商店などで働き、子供が病気になったことから信仰を深めていった。やがて霊友会に入り、長沼妙佼とコンビで信仰グループをつくっていくが、その間、さまざまな民間信仰から影響を受ける。その中でも姓名判断や占いは今でも立正佼成会の信仰活動から消えてはいない。初期仏教と法華経で教えを統合していき、正統仏教に近づいていったあとも、日本の仏教、とくに民衆的な仏教の習合的（シンクレティック）な傾向が捨て去られていないのだ。

†庭野日敬と立正佼成会の信仰活動

庭野日敬は小学校卒業後、一六歳で上京し、商店などで働いたのだが、向学心があり勉強家であった。霊友会は法華経に従って信仰活動をしているはずなのに、あらためて法華経を勉強しようとすると、小谷喜美から咎められる。法華経や仏教の教えを軽視するような霊友会の信仰活動のあり方に、庭野日敬は疑問をもった。そのため小谷喜美と久保角太郎を中心とする霊友会のやり方についていけなくなり、独自のグループをつくった。これが立正佼成会の始まりで、一九三七年のことである。

立正佼成会の独自性が形成される要因の一つは、自分には法華経を学び広める使命があるという日敬の信念だった。戦後、立正佼成会では法華経を通して仏教を学ぶことが次第に重要な位置を占め、庭野日敬は『新釈法華三部経』（一九六四－六六年）、『法華経の新しい解釈』（一九六〇年）などの法華経の解説書を刊行している。本の内容は法華経の解説にとどまらず、初期仏教の解説もかなりの要素を占めており、オーソドックスな仏教に近づくものとなった。法華経を活動の軸としながらも、初期仏教を理解する方向へと進んでいったのだ。これは池田名誉会長の時代まで、日蓮仏法の特異性をそのまま維持し、初期仏教や通《つう》仏教的な考え方になじまないまま発展してきた創価学会とは対照的だ。

庭野日敬（左）と長沼妙佼、大日本立正交成会（現立正佼成会）創立当時（立正佼成会提供）

立正佼成会には、もう一つ重要な特徴がある。宗教間の協力に熱心に取り組む面だ。これも創価学会と対照的で、異なる信仰をもっていても諸宗教は根本は同じであるという思想による。宗教は共通の基盤をもっているはずなので、協力関係を結んでいくことができるはずだと考えたのだ。立正佼成会はさまざまな新宗教の指導者たちと協力して、一九五一年、新日本宗教団体連合会（新宗連）を設立した。そして、庭野はPL教団の御木徳近《みきとくちか》とともに、この中で重要な役割を果たし、リーダー的役割を担っていく。

その後、一九七〇年になると、世界宗教者平和会議を立ち上げ、海外の宗教関係者と協力しながら平和のための宗教協力活動を進めている。この団体は平和のための多様な宗教団体や宗教者が参加する国際組織としては、世界で最大規模の協力組織として発展していく。立正佼成会以外の日本の多くの宗教団体も参加しているが、立正佼成会は中でもとくに大きな役割を果たしている。一九七八年には庭野平和財団が設立され、一九八三年からは世界で平和に貢献している宗教者に与えられる庭野平和賞の授与が始まっている。

†法座と心なおし

立正佼成会も、霊友会と同様、家庭集会が尊ばれ、車座《くるまざ》になって語り合う「法座《ほうざ》」がその信仰活動の中核となり、布教の際に大きな力をもった。法座では、信徒に、怒りや妬みなどを鎮めて、謙虚に他者と融和する「下がる心」（懺悔《さんげ》）を勧め、「心なおし」を求める。後述するが、心なおしは幕末維新期以来の新宗教に広く見られるものだ。創価学会、霊友会、立正佼成会には、病気なおし、心なおし、世直し、いずれの要素も入っているが、立正佼成会は心なおしの要素が強い団体といえる。

車座になって行われる立正佼成会の法座では、さまざまな悩み事が語られ、参加者が関連する話題や助言になりそうなことを持ち寄り、法座主《ほうざしゅ》がそれらを交通整理しながら、適切な宗教的助言へと導いていく。最終的な結論にあたる語りを「結《むす》び」といい、「どのように結ぶか」が法座主の指導力の表れと見なされる。

一九七〇年頃のある「青年婦人部」の法座の例を挙げよう（『法座　その実践と論理』、一八六～一八九ページ）。Dさんは「あちこちに借金つくっちゃって、どうにも首がまわらなくなって」しまったという。

†法座の語り合いの一例

それに法座主である「部長」が応じる。

部長　Dさん、あなた、だんなさんにぐちをこぼすのじゃないの。

D　あたりまえですわ。あたしのつくったおかずに文句でもつけたら、「あなたいくら稼いでいると思うの」といってやるんです。

部長　ぐちられた主人の心はどうでしょうね。つい気が重くなって、会社での働きもにぶくなり、収入も増えなくなるでしょう。こんな悪循環を考えたことありますか。

D　別に……。

部長　ぐちる前に、奥さんの力でご主人が働きやすい状態にしてあげるのよ。ご主人が会社で認められるようにしてあげることが収入をふやす第一歩ですよ。

D　どんなことすればいいんですか？

部長　ご主人を暖かく玄関まで迎えてあげなさい。出勤するときも戸口まで送ってあげるんですよ。ニッコリと笑って「いってらっしゃい」とひとこと必ずいうんですよ。子どもが泣いていて手が放せないときでも必ず実行してね。あなたのまごころは必ずご主人の心を動かし、善因縁果報となって現証が出ます。食事も、疲れて帰ってきたご主人をねぎらうような献立をつくってあげるんですよ。インスタント料理じゃだめよ。実行してね。

D　はい、やってみます。

悩み事を持ち込む参加者に対して、法座主が心なおしを促して、問題の解決への道を示す。それが、当事者以外の法座参加者の信仰の学びの場ともなるのだ。

†社会関係の改善が幸福の増進をもたらす

この法座はさらに以下のように展開する。

部長　やることがもうひとつあるの。借金した米屋さんや親せきを一軒一軒まわって、おわびに歩きなさい。「生活をきりつめても、返済します」といって歩いてくださいね。二、三日のうちにおわびするのよ。やるんですよ。

D　……いまさらそんなこと。

部長　あなた、仏さまのご守護をいただきたいんでしょ。そうするには、あなたがサンゲしていままでの邪念をとりはらわなければいけないのよ。つらいでしょ。難行だわ。でも苦しいことはいつまでも続かないものよ。きっとしあわせになるわ、念じましょうよ。あなたひとりにまかせっぱなしにしないわ。わたしもここにいる部員さんもみんな、Dさん、あなたにご守護がかかるように念じるわ。がんばりましょうよね。

（以下略）

このように苦難の中にある人々が社会関係を改善していくことで、自他ともに幸福である社会を目指そうとするのだ。これは個々の信者の生き方に関わるだけでなく、教団の社会的葛藤への対処についてもいえる。

†マスコミのキャンペーンとそれへの対応

立正佼成会の展開の中で大きなインパクトを与えたのが、「読売事件」（一九五六年）とよばれるものだ。『読売新聞』が集中的に立正佼成会を叩いた事件だ。立正佼成会が杉並区和田本町《わだほんまち》の教団用地の買収と宅地転用にあたって不正を行ったとの記事を皮切りに二ヶ月以上にわたって、教団を攻撃するキャンペーンを行った。警察の捜査では事実無根となったが、『読売新聞』は続いて立正佼成会の教義や布教活動を取り上げて、人権侵害の疑いがあるとさらに攻撃をしかけた。これまでの研究では、これらは根拠の薄い攻撃だったと捉えられている（森岡清美『新宗教運動の展開過程』）。

これは教団の発展の妨げとなったはずだが、立正佼成会はこれに対して告訴などの対抗手段をとらなかった。その批判をむしろ自分たちが反省するための良き助言であるというように捉えて、攻撃者を「読売菩薩」と呼び、感謝の気持ちをもつようにメンバーに働きかけた。ここに見られるように、立正佼成会は他者に対して攻撃的ではなく、融和的な態度を求めるという特徴が顕著だ。

地域社会でも教団外の人々や団体と積極的に協力関係を結び、公共的な福利に関わる活動に参加することを促し、「明るい社会づくり運動」（明社《めいしや》運動）を組織している。これは一九六九年に庭野日敬が提唱して始められたもので、地域社会に思いやりある心を広げるとともに、世界平和に向けた活動や人材の基盤を養うことが意図されていた（ランジャナ『日本の社会参加仏教』、キサラ『現代宗教と社会倫理』）。とりわけ地域社会での諸宗教の協力に力を入れて活動が続けられてきた。他宗教に対して否定的で排他主義の傾向が強い創価学会とは対照的な姿勢である。立正佼成会は自分たちの集団だけが広がることを目指すのではなく、諸宗教が広まることで、良い社会がもたらされるという考え方にのっとった活動を行ってきている。

†法華系新宗教と方便の捉え方

仏教は多様な信仰形態があり、それらの共存にどう向き合うかについて、早い段階から問うてきた宗教だ。法華経は大乗仏教を代表する経典《きようてん》の一つだが、お経の中で多様な信仰形態をどう受け止めていくかが問われている特異な経典だ。最高の真理はこのお経でこそ説かれており、他の経典で説かれているのは仮の教え、すなわち方便《ほうべん》だという。二八章（二八品《ほん》）あるうちの第三章が「方便品《ほうべんぼん》」と名づけられている。方便（巧みな手段）を用いて教えをわかりやすく説くことは重要だが、究極の教えを見失ってはならない。だが、方便に親しんでいると、どこに究極の真理があるか見失いがちだという。

ここからブッダが説く真理を実行に移す際、多様なアプローチを方便として認めるかどうかが問われることになる。折伏を行う排他主義的な創価学会と、諸宗教協力で平和を目指すという立正佼成会は、どちらもこの法華経の教えを引き継いで、排他的な立場と包摂的な立場をとっている。どちらも、ブッダが方便によって説いた多様な教えを、現代人はどう受け止めるかという問題意識に刺激を受けながら、その姿勢は対照的である。ただ、創価学会も池田名誉会長の「対話」路線を重視する過程で、ゆっくりとではあるが排他主義を脱する方向に動いてきている。

立正佼成会と同じように、宗教協力を目指した団体として孝道教団《こうどうきょうだん》や妙智會教団《みょうちかいきょうだん》などがある。孝道教団は、一九三六年に霊友会から分立して岡野正道《おかのしょうどう》（初代統理、天台宗大僧正）と岡野貴美子《きみこ》が創設した。孝道教団の場合は、早い段階で霊友会的な要素から、より普遍仏教的な側面に展開した。天台宗に所属し、先祖供養を重視し在家主義的ではあるが、伝統仏教的な要素をかなり多く取り込んでいる。そのホームページでは、「法華経の真理を基とし人間の生命の連なりである祖先から子孫への絆に存する慈悲の心を広く社会に及ぼす「孝道」を実践している在家教団」とし、「孝道」について次のように説明している。

孝道には、「縦の孝道」と「横の孝道」があります。私たちは、お釈迦さまと同じ

「智慧」と「慈悲」の心を具えています。特に親が子を思い、子が親を敬う心は、無条件の愛情（慈悲）です。家族が思いやり支え合って慈悲と智慧を養い、また、祖先に対する回向供養を行い、子や孫には悪因縁を残さない幸せと繁栄を願う道が「縦の孝道」です。そして、親子の無条件の愛情（慈悲）を地域や社会、更には世界に及ぼし、お互いを理解して幸せに導く行いが「横の孝道」です。慈悲行を実践することによって、心が磨かれ物事の道理を明らかにする「智慧」を得ることができます。

†妙智會と「ありがとう基金」

妙智會は一九五〇年に宮本ミツ（会主、一九〇〇―八四）が創立した。夫の宮本孝平《こうへい》（大恩師、一八九一―一九四五）はすでに世を去っていたが、その夫の教えを尊びつつ、教えが形成されていった。独自の理念として「忍善《にんぜん》」を掲げているが、これは宮本孝平の言葉がもとになっている。ホームページによると、その言葉とは、「人の善を行うには必ず忍を要す。小善には小忍あり、大善には大忍を要すべし。花咲かんと欲せば嵐襲う。月出んと欲せば雲かかる。忍善を行わんと欲せば必ず悪来たりてこれを邪魔す。日輪下界を照らさんとせば悪雲これを覆う。世に正道まさに広まらんとせば悪道大いに振るう」というものだったという。

そして、「忍善とはよいことをするときは、事物に動かされず心を安穏にし、いろいろな障害が押し寄せても、怒らず、愚痴を言わず、欲を出さず、乗り越えることだと受け止めています」と説明している。これが平和の基盤でもあるとする。それまで所属していた霊友会と同じように体験主義の要素が強い団体だが、平和を目指す方向で宗教協力にも熱心で、一九九〇年には「ありがとう基金」を設立し、その後、「ありがとうインターナショナル」というNGOを立ち上げ、世界の子供の倫理教育を広げる運動や子供の貧困をなくす運動に取り組んでいる。

立正佼成会や孝道教団や妙智會教団は、人類共通の普遍的な社会的問題に積極的に取り組んできた新宗教の代表的な例である。二〇世紀の末頃からそうした仏教の姿勢を「社会参加仏教」(Engaged Buddhism) と捉える見方が国際的に広がっている(ランジャナ『日本の社会参加仏教』)。菩薩行《ぼさつぎょう》・利他行《りたぎょう》を強調する法華経に縁が深い新宗教教団の中に、社会参加仏教の傾向が目立つのは偶然ではないだろう。

†法華=日蓮系の教団が発展したわけ

これまでの三章で、創価学会と霊友会系のいくつかの教団を見てきたが、なぜ一九七〇年頃までの時期に、日蓮系あるいは法華経系の教団が大いに発展を遂げたのだろうか。それはまず、すでに敗戦以前の時期、全体主義化した国家神道や神聖天皇崇敬の時代に、それとは異なるがナショナリズムと協和するような宗教的世界観として法華＝日蓮系の運動が大いに発展していたことが大きな要因である（第7章、参照）。敗戦後、国家神道や神聖天皇崇敬が信憑性を失った時期に、法華＝日蓮系の運動はそれに代わる世界観として人々の期待を集めたと考えることができる。

また、仏教の歴史という観点から捉えると、大衆参加の活動形態をもち、他者への働きかけを重んじ（菩薩行）、現世での幸福の実現を重視する法華＝日蓮仏教の教えと信仰活動の様態がこの時期の人々の心を捉えたという要因も重要だろう。江戸時代と明治期までは大衆参加の仏教として浄土真宗が大きな影響力をもっていた。しかし、浄土真宗は現世でより幸福になるための信仰（現世救済の教え）という要素が乏しい。世界的に見ても、この時期の日本の法華＝日蓮系新宗教は、仏教の新しい様態を切り開いたと捉えることもできるだろう。

第4章　大本の誕生と背景

†現世利益と心なおしと世直し

新宗教の考え方は比較宗教論の用語でいえば現世《げんせ》救済思想といえるが、「現世利益《げんぜりやく》」という仏教用語でその意味を捉え返すこともできる。現世救済というときは、信仰の目標がこの世で人として十全な生き方を実現することにあることを指している。他方、現世利益という語は、信仰によってこの世で個別的な利益が得られると信じることを指す。「病気なおし」は典型的な現世利益の信仰だが、家族の経済的困難が克服されるとか、家族や職場での人間関係が改善されるというのも現世利益だ。信仰によって「病貧争」が解決し「健富和」が実現するという表現をとる教団もある（世界救世教、真光《まひかり》など）。

新宗教への入信の動機は、現世利益に関わるものであることが多い。信仰によって現世利益が達成されると信じるのだが、多くの場合、心なおしも同時に行われる。心のあり方を教えに従って変えていくことで自分が変わり、それによって他者や環境も変わり、恵みの源泉である存在に心が通じ現世利益が得られると教えるのだ。宗教は個々人の内面の問題だと捉えるのは、心なおしに力点を置いた見方だが、病気で苦しんだ人、経済的な困難や人間関係の問題や人生行路をめぐる葛藤を抱えている人にとっては、信仰をもつことで現世利益を得られたという経験が生き方の転換をもたらすことが少なくない。しかし、信仰の本来の目的は、現世利益を超えて現世救済という生き方そのものの転換にあると信じられるのだ。

立正佼成会の信仰者の例を見てみよう。福井県の若狭《わかさ》湾地域で一九二九年に生まれた女性、KSさんである（『立正佼成会若狭教会五十年史』、一四九―一五四ページ）。KSさんは、農家に生まれ、尋常高等小学校、青年学校を終えて、家の仕事の手伝いをしていたが、一九歳で親の勧めに従って農家に嫁いだ。子育ても順調だったが、長男が中学卒業後、大学に行ってほしいと思っていたのに高校に進学するのをいやがり、自動車の整備学校に行きたいと言い出したので悩むようになった。そんな中、子宮筋腫にかかり摘出手術を受けた。入院中にはじめて立正佼成会の機関誌『佼成』を読み、「幸せになるには、親の言うことを聞くことと人さまのお世話をするということ」が大事だと学んだ。病気も治り、教会に通いはじめたが、長男は意思を変えなかった。

ある日、教会長から「あんたは佼成会の信仰がありがたいから教会に来ているのではないね。悩みを解決してもらうために仕方なく来ているのではないかな。そういう後ろ向きの気持で修行しても、教えはなかなか身につかないんだよ」と諭された。KSさんはどきりとして、「中途半端な気持ちではだめだ。教えを自分のほうから求めていこう」と法座にも身を入れるようになった。

真剣な気持ちで法座に座ると、苦しみの原因は自分の中にあるのだと気づき始めてきました。いらいらしたり、気をもんだりするのは、自分の思いにとらわれて法から外れているためだと教えてもらい、腹を立てないように努めました。息子の進路も、本人の意思を大事にして、あとは仏さまにお任せしようという気持ちになりました。

†心なおしが現世利益をもたらす

これを大乗仏教の枠組みにそって捉え直すと、貪瞋痴《とんじんち》のもとを自覚し、慈悲の心に近づき、利他行、菩薩行に目覚めるということだろう。自分の欲求を実現することから、他者の幸せに関心を移す。自己に捕らわれた感情を相対化して、他者の幸せを願える心になっていく。そうなると自ずから仏さまの恵みが受けられるようになる。こうして心なおしが幸せのもとだという考え方が身についていく。

ＫＳさんが熱心に信仰を進めると、それをいやがるところがあった夫も理解してくれるようになり、夫婦の心の通い合いも進んだ。自動車整備工場に勤めていた長男もやがて市の職員に採用され、立正佼成会の信仰をもつ女性と結婚するに至った。今では、孫たちも信仰活動に関わっており、「おばあちゃんの姿を見ていると、佼成会の教えがよくわかるよ」と大事にしてくれる、という。

現世利益を求めて信仰をしていたことを反省し、心なおしの方に焦点を合わせ直すことで、かえって現世利益も得られるようになったという体験談である。新宗教ではこのような体験談が語られることがたいへん多い。

だが、新宗教が強い関心を寄せる領域は、病気なおしなどの現世利益と心なおしにとどまらない。さらに世直しへの関心が加わっている場合がある。神や仏の力で社会のあり方が変わることを信じる、またそう願うという信仰だ。近い将来、政治体制が転覆し、新たな理想世界がやってくると信じる場合もある。

†指導者崇拝と世直し

「救世主（メシア）」という言葉があるが、信仰の導き手であり、ひいては信仰対象でもある宗教指導者が「世を救う」と信じることもある。キリストが再臨する（復活して天に帰ったキリストがこの世を救うため、また地上に降りてくる）という信仰は今も世界各地で信奉者が少なくないが、日本にも影響を及ぼした。東アジアでは、弥勒仏《みろくぶつ》が地上に降って理想世界が到来するという信仰があり、指導者を弥勒の現れとする信仰（弥勒下生《みろくげしょう》信仰）も根強い。新宗教でも、教祖や指導者を世直しの指導者として尊崇する例は少なくない。多くの新宗教では、教祖や指導者を偉大な力や智慧を備えた存在として尊崇する。

天理教では教祖を「おやさま」とよび、金光教では教祖を「生神《いきがみ》」とよぶ。教祖や指導者の働きは個々人を苦難から救うにとどまらず、人類に光明をもたらし、新たな世界を切り開く存在と信じる。教祖や指導者も自らのオリジナルな教えが、新たな社会のあり方を予示したり、過去にあった理想の世を回復するはずのものだと説いたりする、教祖や指導者は世直しをもたらす存在と信じられることもある。新宗教を考えるときには、病気なおし（現世利益）、心なおし、世直しの三つの関係を見ることが重要であろう。どれも現世において実現すべきことで、それが究極的な救済にまで及ぶので現世救済を目指す宗教といえる。

ここまで見てきた法華＝日蓮系の新宗教はその三つがそろっているが、力点は心なおしにある団体が多い。一人ひとりが変わっていくことで、世の中が変わるとする立場を忘れないが、平和運動などの社会行動に取り組む例も多い。創価学会はとくに世直しの側面が強い。「人間革命」という言葉はたくさんの人が変わっていけば社会が変わるという考えの表れだが、それが実際、社会行動にもつながる。もともと教育を通じて社会を変革することを目指す団体として発足したが、戦後は実際に政界進出をしたり、社会を変えるための活動や平和運動などに取り組んできている。

†習合神道系の新宗教と世直し

第9章で取り上げる、一九世紀の前半から発生してきた習合神道《しゅうごうしんとう》系の新宗教でも同様だ。天理教《てんりきょう》は病気なおし、心なおし、世直しのいずれの側面もそろっているが、世直しの側面は強くない。金光教《こんこうきょう》では心なおしの側面が目立つが、世直しこそが最も重要だと考え、そこに力点を置く信徒は少ない。明治初期の丸山教《まるやまきょう》は世直しの側面が目立った教団だが（安丸良夫『日本の近代化と民衆思想』）、その勢力拡大は一時的なものだった。

これらに対して、大正期から昭和初期に大きな勢力となった大本《おおもと》は、習合神道系では世直しの側面が大きい新宗教の典型的なものだ。以下、本章と次章で大本について述べていく。なお、教団名は皇道大本《こうどうおおもと》と名乗った時期もあり、一般には「大本教《おおもときょう》」とよばれることが多かったが、本書では現在の教団名でもある「大本」を用いる。

大本は一八九二年（明治二五年）に始まったといわれているが、急速に拡大したのは大正時代の初期（一九一〇年代）である。そして、一九二一年（大正一〇年）には最初の大きな弾圧を受けた。明治時代の末から大正時代の最初の一〇年までの時期は、新宗教教団の数はまだそれほど多くはなかった。その後、昭和初期までに新たに急成長した習合神道系の教団に大本とひとのみち教団（後述、第6章）がある。中でも大本の存在は目立っていた。その一つの理由は「世の立て替え立て直し」を掲げ、「大正維新《たいしょういしん》」というものを唱えていたからだ。当時、社会主義が広まり、海外ではロシア革命が起こり、帝政・王政が次々と倒されていった。「改造」という言葉も広まった。こうした中で大本が広めた「大正維新」という言葉は新鮮だった。

昭和初期に登場する「昭和維新」の動きは二・二六事件などの大規模な政治行動にもつながり、日本の歴史を大きく動かす力をもった。「大正維新」はそれを先取りするもので、「昭和維新」の大きな動きを引き出す要因の一つになった。一九一八年には米騒動が起こるが、貧富の差、社会格差を変えていく可能性が強く意識され、「社会改造」の動きが広まり、労働運動、小作争議などが起きていた。大本はこうした「改造」＝「世直し」の動きに乗って急速に大教団へと発展していった。

†出口なおの半生と神がかり

大本は、一八九二年に出口《でぐち》なお（一八三七－一九一八）が神がかったことに始まる。この神がかりで語られた言葉は、のちに「初発《しょっぱつ》の神諭《しんゆ》」と呼ばれるようになる。出口王仁三郎《でぐちおにさぶろう》（一八七一－一九四八）によって書き直された、その神がかりの言葉は「三千世界一度に開く」という文言で始まり、そこにすでに世直しへの期待が明確に表れている。それに共鳴したのが出口（上田）王仁三郎だ。この王仁三郎の参加によって、世直しを掲げる教団としての勢力拡大が進んでいった。

出口なおは自らのメッセージを広めてくれる男性指導者の登場を心待ちにしていた。一方、王仁三郎は宗教的関心と社会の変革に対する意思を結びつけるような宗教的メッセージを求めていた。両者が出会ったのは一八九八年。のちの大本の発展につながる運命的な出会いであった。

出口王仁三郎によると、なおは「明治二十五年旧正月……日」に次のような預言を発した。

三ぜん世界一度に開く梅の花、艮《うしとら》の金神《こんじん》の世に成りたぞよ。（中略）三千世界の大洗濯、大掃除を致して、天下泰平に世を治めて、万古末代《まんごまつだい》続く神国の世に致すぞよ。神の申した事は、一分一厘違はんぞよ。毛筋の横巾《よこはば》ほども間違いは無いぞよ。これが違ふたら、神は此の世に居らんぞよ。天理、金光、黒住、妙霊、先走り、とどめに艮の金神が現はれて、世の立替《たてかへ》を致すぞよ（『大本神諭　天の巻　民衆宗教の聖典・大本教』、三ページ）。

†出口なおの苦難と神がかり

出口なおがこのような神のメッセージを伝えるようになった背景には、出口なおの苦労に充ちた半生があった。なおは京都府北西部の福知山《ふくちやま》の桐村《きりむら》家に生まれた。一〇歳のとき、破滅型の人生を送った父親を失い、住み込み奉公に出る。そして、一七歳で綾部《あやべ》の叔母、出口ゆりの養女になる。そこで政五郎《まさごろう》という大工の婿を迎えた。義理の母親も早くに亡くなってしまうと、酒飲みで芝居好き、どんどんお金を使ってしまう夫の政五郎によって、なおの苦労は増幅する。なお自身の語りの記録（出口和明《やすあき》『いり豆の花』一九九五年、など）や五女のすみの書いた『幼ながたり』（一九五五年）などを見ると、この夫は憎めないおもしろい人ではあったものの家計という点では甲斐性がなかったようだ。

出口なおには、五人の娘と三人の息子がいた。三人の息子は、みなあまり幸福に暮らしたとはいえなかった。長男の竹造は自殺未遂をし出奔している。次男の清吉は戦争で亡くなり、三番目の伝吉は長女の家の養子に入るが、関係は複雑であった。娘たちのうち、上の二人となおは関わりが深いものの、あまり仲が良くなかった。なおの近くに住んでいた長女のよねとの間ではよく問題が起きた。よねは美人で、「後ろ姿は男がみなふらりとするような」見かけだったという。男との関係が難しかったこともなおを苦しめたようだ。結婚したあとも、相撲取りの男を間男とするような娘だった。

やがて、よねは略奪されるようにして大槻鹿蔵《おおつきしかぞう》という町の顔役で博打もする男に連れていかれる。大槻鹿蔵は肉屋で、新時代に肉を扱う商売をやったことで一時期はある程度成功したが、のちに事業に失敗している。なおの神がかりは、よねの家族とのトラブルが大きく関係していると考えられる。大槻鹿蔵はよねが神がかったときに座敷牢に入れてしまうこともあった。よねは妙見信仰をもっていた。これは大阪府北部で王仁三郎の出身地からもさほど遠くない能勢《のせ》にある日蓮宗妙見山に関わるもので、女性に神霊が降りてくるのを信じるものだった。

なおとことという名の二女とはほとんど交流の記録がない。遠くへ嫁いだことも影響したのだろうが、心は通じていなかったようだ。三女のひさとなおの仲は悪くなかった。ひさは金光教に入り、ひさ自身も神がかることがあった。出口なおの神がかりはひさの影響を相当に受けている。四女のりょうともあまり仲は良くなかったようだ。やがて出口なおの後を継ぐのが五女のすみで、このすみはのちに王仁三郎と結婚する。

比較的苦労の多い生涯を歩む中で、一八九二年、およそ五五歳で出口なおは神がかる。実はその前に福島の姓となった三女のひさが神がかりを経験しているが、当時広まっていた金光教の神の「取次《とりつぎ》」としてであった（「取次」については第9章参照）。神がかったひさは、「信仰によって生き方を変えなければならない」として、男性の指導者を媒介にして信者に教えを説き、祈った。なおの神がかりに先立って長女と三女が神がかりを経験していたのだ。

†世の立替え立直し

出口なおが神がかった時期、金光教と天理教の影響を強く受けている（金光教と天理教については、第9章で詳しく紹介する）。出口なおたちが住んでいた京都府北部の綾部では、金光教の島原《しまばら》教会とつながりをもつ男性布教師が布教に努めていた。なおは、しばらくは金光教の教会に所属しながら教えを説いていた。しかし、やがてその枠にはめられることに抗い、より偉大な神を信仰すると信じるようになる。これがのちに「艮《うしとら》の金神《こんじん》」とい

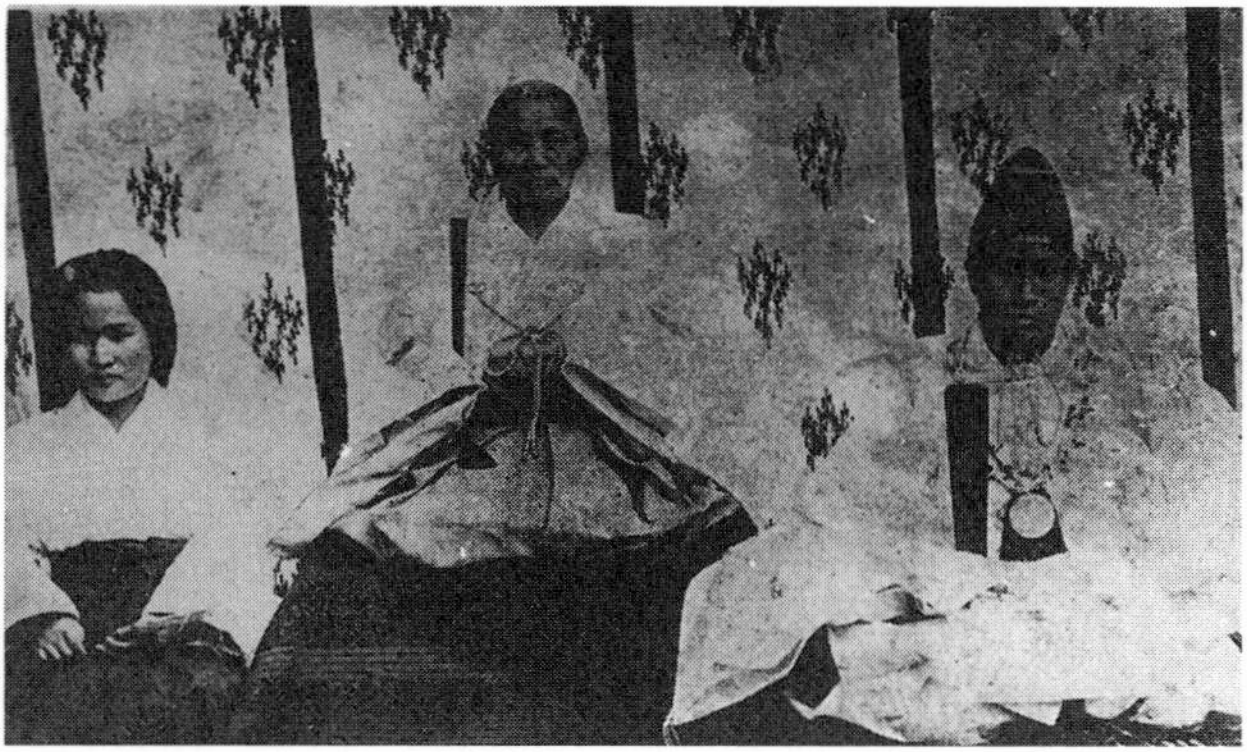

出口王仁三郎（右）、出口すみ（左）、出口なお（中央）の記念写真（1900年元旦、なおの五女すみと王仁三郎の結婚式当日、大本提供）

う概念につながり、世の隅に押し込められていた神がいよいよ表に出てくると説くに至っている。

　大本は、天理教からは「世の立替え立直し」の考え方について影響を受けている。大本には出口なおがかなで書いた「お筆先《ふでさき》」（王仁三郎がまとめたものが『大本神諭』）という経典があるが、そもそも「おふでさき」とは天理教で中山みきが神の言葉を伝えるため

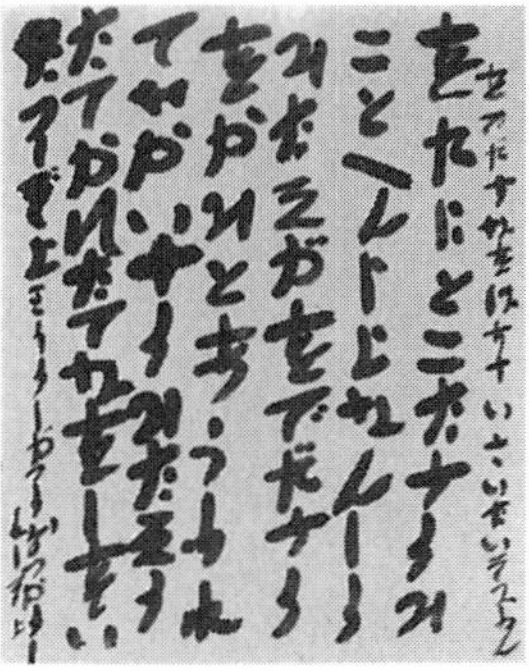

出口なお自筆の「おふでさき」（一部、大本提供）

に使った言葉で、天理教の聖典の名でもある。その中には「これから世の中に大きな変革が来る」という予言が書かれている。

つまり、金光教による「誤解され隠されていたよき神が現れる」という「艮の金神」のメッセージ、天理教による「これまでは道にはずれた人たちが支配していた世界だったが、これからは正しい世の中に変わっていくのだ」というメッセージの両方を引き継ぎながら、なおの独自の世直しの予言が発せられていったのだ。

天理教には「これまでは高山が支配していた、これからは谷底が世を動かすようになる」「これまでは外国が日本をほしいままにした。これからは日本が世界を動かすのだ」という教えがある（「しかときけ高山やとてたにそこを　まゝにしられた事であれども　これからわ月日かハりにでるほどに　まゝにしよならすればしてみよ」『おふでさき』一三号、56-57、「いまゝでハからがにほんをまゝにした　神のざんねんなんとしよやら　このさきハにほんがからをまゝにする　みな一れつハしよちしていよ」『おふでさき』三号、86-87、『おふでさき』のテクストについては、『日本思想大系67　民衆宗教の思想』参照）。だが、それが具体的にどのような変革なのかは漠然としている。

大本ではそれが具体性を強めている。道にはずれた世の中が根本から正しく変わるという考えだ。道にはずれた世の中とは「我《われ》よし」の世界、つまり利己主義の世界である。大本では「強い者が勝手をする、強い者勝ちの悪徳の世、獣の世である」という言い方をしている。「獣の世」とは西洋諸国の植民地主義による攻撃的拡張政策が、それに対抗して富国強兵政策を進める日本の社会にも浸透していくさまを表現したものといえる。なおの長女よねの夫で、新たな商売で威勢を広げている大槻鹿蔵が、肉屋を営んでいたこととも関連があると思われる。

†弱い者が見捨てられる社会

天理教に影響を受けたと思われる一つの考え方に、明治維新によって西洋風（『おふでさき』では「から」とよばれている）の攻撃的な社会の仕組みが日本に入ってきて世の中が混乱させられたという認識がある。神がかった出口なおは、それによってますます強い者が勝手をし、弱い者が苦しむ世の中になったと伝えた。出口王仁三郎が共鳴したのはそこの部分だ。世の中が良くない方向へ向かっていることを「悪」と表現し、それは個人の中にあるものではなく、社会がそういうものによって動かされている、いわば構造的暴力の支配があり、それこそを改めなくてはならないと考えた。

出口なおの心の中では、かつての地域社会の生活では、助け合いが基本とされていた。貧富の差はあったものの、豊かな者は私財を投じて弱い者を助けるのが当然と考えられていた。「モラルエコノミー」とよばれるものだ（安丸良夫『文明化の経験』）。それを実現できないエリート層は、その地位に値しない存在と考えられた。このような世の中から、時代が変わり、それぞれが個人の利益を守り、負けた者は没落するに任せるという社会に変化したという認識である。近代の資本主義的な秩序を、進化論の用語を用いて「弱肉強食」と見て取り、「我よし」、つまりは利己主義を肯定する社会と捉えたのだ。

一八八四年（明治一七年）には松方デフレと呼ばれる経済政策が採られ、少数の豊かな者に富が集中し、貧しい人々がさらに貧困化し安い労働力とされる現象が起きる。資本主義の原始的蓄積といわれる過程である。貧富の差が拡大し、一部の富裕層に集まるお金が資本主義的生産の新たな投資の元手になっていった。綾部にはグンゼ（郡是《ぐんぜ》製糸《せいし》）の工場ができ（一八九六年）、女性の安価な労働力によって製糸・紡織が行われ、貧富の差が拡大していった。そのような世の中の動きを見て、出口なおは団子売りや紙屑拾いやボロ買いをして生計を立てざるをえなかった。没落していく者たちの惨めな一生を理不尽だと肌で感じていたのだ。

大本は社会に広まる悪を見つめて、神の教えにのっとった、善がゆきわたる社会への転換を待望する宗教という性格をもっていた。「これまでの世のあり方を、根本的な精神的転換によって変えていかなくてはならない」という考え方が、一八九二年の出口なおの

「お筆先」に表れたのだ。

†出口王仁三郎の来訪

出口王仁三郎は、出口なおが最初に神がかってから六年後の一八九一年に綾部のなおのもとにやってきた。婿入り前は上田喜三郎《きさぶろう》という名で、丹波地方だが、福知山や綾部に比べるとずっと京都市に近い亀岡近くの穴太《あなお》の出身である。貧しい農家に生まれたが、親戚に学問を修めた人がいた影響で国学などを学んでいた。しかし、周りの村人たちと対立し、貧しいがゆえに惨めな思いをする経験が多かったようだ。

伝えられているところでは、上田家の裏にあった溜池が危険だったので潰したところ、その池の水を使って灌漑をしていた農民が怒り、上田家に弁償を求めたというできごとがあった。上田家はひどく非難され、もともと貧しいがためにますます惨めな思いをせざるをえなかったという。これが、王仁三郎が宗教の世界に目覚める一つの理由になったとみられる。さらに貧乏ゆえに地域の若者らから蔑まれたことなども、宗教に目覚める契機となったようだ。

王仁三郎は二十代前半に各地を歩いて武者修行をした。高熊山《たかくまやま》という山に籠もって祈る修行をしたり、本田親徳《ほんだちかあつ》の霊学を継承する長澤雄循《ながさわかつたて》らが組織し、鎮魂帰神《ちんこんきしん》という憑依儀礼を行う静岡の稲荷講社《いなりこうしや》というグループと関わりをもったりしている。一八九八年に出口なおのことを聞いて、なおのもとを訪れ、そこで求めていたものに出会う。悪と立ち向かう宗教としての大本の神のメッセージが王仁三郎の心に響いたのだ。

出口なおの信仰は、金光教や天理教など神道系の新宗教に関わりつつ形成されていった。天照大神《あまてらすおおみかみ》を主神《しゆしん》とする国家神道の神話には距離がある、神仏習合の伝統を継承する神道系の信仰の中から出てきた。平安時代以来、神仏習合の形で広まった霊威ある救済神（熊《くま》野《の》、八幡《はちまん》、稲荷《いなり》、祇園《ぎおん》、弁天《べんてん》、金比羅《こんぴら》、山岳神など）の信仰が、天地の神とか親神《おやがみ》などとよばれる主神を信仰する一神教に近づいていったものであった。一神教でありながらアニミズム的な要素もあり、当時の農民が親しんでいた民俗宗教に縁遠いものではなかった。王仁三郎はそのようななおの信仰世界に惹かれていった。

†出口なおと王仁三郎との葛藤

なおに従う信仰集団に加わった王仁三郎は、なおの信仰集団には欠けていた教義的な言葉を持ち込み、組織化を進めていく。信仰活動としては「鎮魂帰神」の行によって大きな変化をもたらした。男女を問わず信徒に神がかりを体験させ、霊界の実在を強く信じさせるのだ。そして、新しい宗教団体としてまずは金明霊学会《きんめいれいがくかい》という団体をつくった。これが金光教から、独自の教団として自立していく大きな転換点になる。王仁三郎は一九〇〇年頃に出口なおの五女のすみと結婚、信仰集団の主導権を握って団体の発展に寄与していく。

一方で、出口なおに付いていこうとする地元の信者たちと、本田親徳《ちかあつ》・長澤雄楯《かつたて》の系譜の稲荷講社から学んだ鎮魂帰神の儀礼や、言霊学《ことたまがく》という国学系の思想やキリスト教の影響を受けた教義など、ある種の学問的な知識に親しみがある王仁三郎の世界が葛藤することになる。出口なおの地元の信者たちは王仁三郎を指導的地位から下ろそうとしたりした。その背景には、王仁三郎がなおの素朴な信徒たちのやり方では教団の未来がないと考えて、自ら対立を招いた面もあった。

信仰集団の発展が停滞する一方、信仰活動への取り締まりが懸念される中で、王仁三郎は一九〇六年から一九〇七年にかけて京都に出て、皇典講究所《こうてんこうきゅうしょ》京都分所に入る。皇典講究所は東京にあり、國學院を研究機関にもつ。伊勢にある皇學館と並ぶ神職養成機関、すなわち国家神道の人材育成拠点である。王仁三郎が皇典講究所京都分所に入ったのは、国家神道、すなわち天皇を中心とする国家的な宗教祭祀や皇道の教義へ近づいていったことを意味する。そこで神職の資格を得て、一年足らずだが国家神道の作法や皇道の教義を身に付けていく。

†王仁三郎による教勢拡張

信仰集団が警察や諸勢力の干渉を受け活動しにくい状況になると、王仁三郎はそれを打破するために教派神道の教団に所属する方便をとりもした。教派神道は当時、一三派あったが、なお・王仁三郎の信仰集団はそのうちの御嶽教《おんたけきょう》や大成教《たいせいきょう》、大社教などに所属していく。王仁三郎は皇典講究所での研鑽が終わったあとは、織田信長を祀る京都の建勲神社《たけいさお》で神職をしたこともあった。王仁三郎はこの時期に綾部から離れ、当時の日本の社会で宗教集団として存続していくための知識や集団運営のノウハウを身につけている。これが一九〇八年頃までの展開だ。この一九〇八年、集団の名を金明霊学会《きんめいれいがくかい》から大日本修斎会に改めている。

その頃から教団は急速に発展する。一九〇五年に『直霊軍《ちょくれいぐん》』という雑誌を刊行、これはやがて『敷島新報《しきしましんぽう》』に変わり、綾部には次第に大本の施設が整っていく。王仁三郎は再び綾部の大本本部に帰る。日露戦争が終わり、幸徳秋水らの大逆事件があり、明治天皇が死亡し、乃木希典《のぎまれすけ》夫妻が殉死した時期、天皇崇敬は高揚していった。ちょうどその時期に、大本の新宗教としての基盤ができていく。出口なおがカリスマとして中心にはいたが、一方で王仁三郎が国家神道の庇を借りて組織的な力をつけていく過程でできあがっていったものだ。

当時の日本社会は富国強兵が進むとともに、危機意識も強まっていた。社会主義が入ってきて労働運動が起き、日露戦争後の一九〇五年に日比谷の暴動が勃発、一九一八年には魚津で始まった米騒動が全国に広まるなど、社会の中で対立が次々に起きている。他方、朝鮮併合（一九一〇年）が行われる一方、一九〇九年には伊藤博文が暗殺され、併合後も義兵闘争は続き、一九一九年には三・一運動が起こるなど、安定にはほど遠い状況だった。また、明治天皇が亡くなって神（一九二〇年に創設された明治神宮の祭神）として崇拝される一方、第一次世界大戦が起こり、ロシアでは革命が起こり、世界各国で王制が崩壊していった。

このように、世界的に改造や改革が相次いでいた時期に、「悪と戦って世直しをする」というメッセージを打ち出した宗教が大本だ。もちろん病気なおしや心なおしの要素もあるが、大本は、世直しと結びついて若い信徒を奮い立たせていたところに大きな特徴があった。ところが国家神道が支配的になっていく時代の変化の中で、国家神道体制のもとでの存続を図らざるを得なくなる。「皇道大本《こうどうおおもと》」を名乗るのは一九一六年のことだ。「皇道」は意味内容が国家神道と重なり合う言葉だが、皇道大本を名乗ったのは、大本が国家神道の枠内の信仰集団であることを装ったのだった。

第5章　二度の大本事件

†国家神道との軋轢

出口なおが予言する世直しのヴィジョンの中には、「国之常立神《くにのとこたちのかみ》」のような日本神話の神も登場するが、他方、艮《うしとら》の金神《こんじん》や竜宮の乙姫や若姫君のように民俗信仰に登場する神々もあり、天皇に関わる国体論や皇道論に通じる要素はほとんどない。出口なおは天皇についてはほとんど語らなかった。なおが影響を受けたと思われる天理教の『おふでさき』にも、日本神話の神々は登場しても、天皇は出てこない。同じくなおが影響を受けた金光教の教えでも、日本神話の神々も天皇もまったく登場しない。

出口なおの説いた世直しとは日本の神による世直しではあったが、明治維新後の日本を牽引した、神聖天皇中心の世を求める国家神道のヴィジョンとは異なるものだった。だが、そのことが明確になっていけば、弾圧を受け、存続が困難になることが予見される。初期のなおの信徒集団には、そのことが見える指導者はいなかったと推測される。出口王仁三郎はそこに登場した指導者だった。王仁三郎には、なおの教えが潜在的に天皇中心の国体論、国家神道による近代日本の体制と抵触するものであることが見えた。

キリスト教や仏教はいうまでもなく天皇がなくても成り立つ教えだが、そこに国家神道との葛藤があることが露わになってくる。一九〇四―五年の日露戦争や一九一〇年の大逆事件、一九一二年の明治天皇の死や乃木大将の殉死を通して、宗教教団は天皇崇敬に抵触するような思想や行動を慎むようになる。一方、神道の枠の中から世直しを唱える大本は、国家神道との葛藤が生じるという難しい課題をはじめから背負っていた。

この時期の出口王仁三郎は皇典講究所で国体論的な教義や国家神道の儀礼を身につけていった。その結果、国家神道とうまくかみあわせながら、世直しの教えを説いていく道を探っていくことになった。そうすることで、一九〇八年頃から出口なおが亡くなる一九一八年までの一〇年ぐらいの間、すなわち明治時代末期から大正時代前半に大本は急速に発展する。一九二〇年には当時の有力な新聞で、購読者五〇万人といわれた『大正日日新聞』を買い取るところまでになった。

†世直しの教えの魅力

その頃の大本には軍人、とくに海軍軍人が多く入信し、さらに有力者の信者も増えた。とりわけ大きな影響力をもったのが浅野《あさの》和三郎《わさぶろう》（一八七四—一九三七）という人物だ。浅野は東京帝国大学を出た英文学者で、海軍機関学校の教官だった。このような人物が子供の大病をきっかけに一九一六年に入信し、大本を礼賛する書物を著し（『皇道大本略説』『大正維新の真相』『大本神諭畧解』など）、海軍軍人の入信者が相次いだ。その中には司馬遼太郎の『坂の上の雲』で正岡子規の友人として登場する秋山真之《さねゆき》（一八六八—一九一八）もいた。アメリカに留学した経験もあり、日露戦争では旅順港閉塞作戦や日本海海戦にも貢献した秋山真之だが、浅野の誘いで一時期、大本に入信している。

大本の活動は警察や司法関係者にしてみればたいへん危ない動きであった。大本は神聖天皇を掲げる国家体制、すなわち「国体」に反抗する可能性をもった団体に見える。その中で、出口王仁三郎は一方で皇道、つまり当時の国家神道における正統教義を掲げ、他方で出口なおから引き継いだ世直しの教えを説くという二面性をもっていた。病気なおしや心なおしの教えで信徒を引き寄せつつも、さらに変革の希望を漂わせる世直しの教えをもっていたことが発展の一つの理由だった。

出口なおは一九一八年に亡くなる。その前後に大本は大正維新を掲げるようになる。これは天皇を中心に掲げる変革への志向であり、二・二六事件などに代表される昭和維新の先駆けとなった変革理念だ。実際に昭和期に軍部のクーデター活動に協力した西田税《みつぎ》（一九〇一―三七）や大岸頼好《おおぎしよりよし》（一九〇二―五二）らは、神聖天皇のもとでの社会改造の教えに惹かれていくのが、大本が大正維新を説いていた時期だったと語っている（拙稿「国家神道とメシアニズム」、高橋正衛『昭和の軍閥』）。のちに陸軍幹部となる石原莞爾《いしわらかんじ》（一八八九―一九四九）が田中智学の国体論を取り込んだ日蓮主義変革思想に強く惹かれていったのは一九一九年、国柱会に入会したのは一九二〇年のことである（第9章、参照）。

その頃の大本は綾部を「神都」と称し、信者に結集するように呼びかけていた。綾部が一種のコミューン的な場所になっていったのだ。その一方で、全国各地で街頭布教を行う「直霊軍《ちょくれいぐん》」が一九一五年から活動を始める。警察や検察、あるいは政府からすると、天皇に反抗する勢力に見える。それに対し、王仁三郎は「皇道大本《こうどうおおもと》」という名前を教団名に掲げ（一九一六年）、「綾部の大本の動きは霊的な動きによるもので、あくまでもこの世の支配は天皇が行うのだ」と主張し、大本と皇道は矛盾しないという言説でしのごうとした。

「皇道」という言葉は、明治維新前後にかなり使われた。一八六九年には政府は「皇道興隆に関する御下問」という文書を出し、それを受けて翌年、「大教宣布《たいきょうせんぷ》の詔《みことのり》」を出している。「皇道」と「大教」はだいたい同じ意味であり、神聖天皇を尊ぶ道（皇道）こそが日本国家の正統の教え（大教）だということになる。その後、神社の祭を司る神職の養成機関として、皇典講究所や神宮皇學館が設立されるのは一八八二年だが、「皇典」や「皇学」の語は、「皇道」と深く関わっている。「国家の宗祀」と位置づけられた神社は皇道宣布の場とも捉えられていたのだ（拙著『国家神道と日本人』、同『神聖天皇のゆくえ』）。

明治中期から大正期にかけては「皇道」「皇典」「皇学」がそれほど広く使われる用語ではなかったが、昭和の全体主義の時代になると多くの国民を巻き込んで広く用いられるようになる。大本はこの言葉を時代に先んじて盛んに用いた。その背景には、世直しのヴィジョンを具体化しようという政治的な意図があったと推測される。大正期の皇道大本の動きは、神聖天皇を掲げる右翼的な変革運動としての性格を帯びる一面があったのだ。

†第一次大本事件とその後の変容

結局、大本は一九二一年（大正一〇年）に弾圧を受ける。大本の指導部が天皇にとってかわろうとする意思があったという嫌疑によるものだ。大逆事件でも重要な役割を担った検事総長の平沼騏一郎《ひらぬまきいちろう》の指揮の下、大逆事件と同じように内乱予備罪で壊滅的な打撃を与えることが目指された。しかし、このときは証拠を十分に集めることができなかったため、不敬罪など軽い罪にしか問われなかった。したがって、王仁三郎も長期拘留されることはなかったが、教団施設の一部が壊されたり接収されるなどして、教団は大きな打撃を受けている。

その後、出口王仁三郎は嫌疑を逸らすために従来の世直しの教えをやや和らげた。さらに、それまでの大本の拡充に大きく貢献した「鎮魂帰神」という神がかりの儀式を取り下げる。そのために、のちに心霊科学へと向かう浅野和三郎、のちに神道天行居《しんどうてんこうきょ》を起こす友清歓真《ともきよよしさね》、のちに生長《せいちょう》の家《いえ》を起こす谷口雅春などが教団を離れていった。

第一次大本事件（1921年）、取り壊された大本の神殿（大本提供）

大本教団はこの弾圧によって大きな打撃を受けたが、王仁三郎自身はそれを自らの主導権を確立する好機とする。浅野和三郎などのインテリ幹部を放逐し、王仁三郎のもとに一元的に結集する教団をつくっていくのだ。そこで、『霊界物語』という「お筆先」に並ぶ新たな経典もつくっていく。これが大正期の後半の大本の新たな思想展開をもたらす。『霊界物語』は八一巻（八三冊）にも及ぶ一大長編だが、霊界の実在という理念を基礎としている。この理念の確立において、王仁三郎はスウェーデンボルグ（一六八八―一七七二）の著述を大いに用いている。

なお、スウェーデンボルグ（エマニュエル・スウェーデンボリ）の思想を引き継ぐ新エルサレム教会は、西洋近代のキリスト教の枠をはみ出す宗教運動のうちでも早い段階のものだ。一九世紀後半以降に展開するマダム・ブラバツキーの神智学やルドルフ・シュタイナーの人智学の運動もその系譜に位置づけることができる。同時期にはアジアからインドのヴェーダーンダ協会、イランが元となったバハイ教、中国の道院（世界紅卍字《こうまんじ》会）、韓国の天道教《チョンドギョ》や甑山教《じゅんさんきょう》《チュンサンギョ》などの運動も起こってくるが、大本がこれらの国際的影響を受けながら発展していったことも注目すべきところだ。

『霊界物語』は青年期の王仁三郎が亀岡の高熊山で修行の際に実見した霊界の様相を語るという形式をとり、神々の闘争を描き出していく。基本的な構造は、国祖クニトコタチノミコト（艮の金神）の退隠と悪を体現する盤古《ばんこ》大神《だいじん》と、大自《だいじ》在天神《ざいてんじん》、およびその系譜の神々との闘争という筋書きである。悪の支配する「体主霊従」の世から、クニトコタチノミコトが主導する「霊主体従」の世への転換という世直し的な理念はいちおう保たれているが、この世を変革するという現実関与の姿勢は弱められることになった。

†国際性を強める大本

大本は関東大震災の頃から国際色を強めていった。バハイ教、道院、甑山教の系統の普《ポー》天教《チョンギョ》とは積極的に連携しようとした。普天教などの場合、植民地支配に乗じたという面も否めないが、道院は関東大震災の際に、支援活動に加わったことで連携が深まった。エスペラントを取り込んだのもこれらの国際的交流が影響している。民族と結びついた言語を超えた人類共通の言語を広めようという運動に共鳴したものであり、人類同胞主義的な方向を向いたものである。

さらに、一九二四年には、満蒙（旧満洲・モンゴル地域）に進出しようという動きを示した。国内に向けては皇道宣布を掲げ、当時の日本の勢力拡張が期待される地域に自ら乗り込み、大本が偉大なことを成し遂げようとしていることを教団内にも示そうとしたようだ。具体的には中国の東北地方、モンゴル地方を日本の影響下に収めてロシアや中国と対抗するという陸軍に協力するという狙いと、宗教連携の進展を踏まえさらに国外に連携を広げていくという狙いの両面があったかと思われる。

一九二五年には世界宗教連合会を立ち上げている。また同年、人類愛善会というものも組織した。国際的であり、エキュメニカルで宗教協力的な出口王仁三郎は、「万教同根」

といい、すべての宗教が同じ根っこをもっているので一体になれるとして宗教協力を進めている。実際には、満洲へ渡った王仁三郎は陸軍の活動に協力し、逮捕されて危うく殺されそうになったところを、かろうじて出獄し、帰国している。中国の中に味方をつくったものの、敵もつくったようだ。この旅に同行した人物の中には、身辺警護のためか、植芝《うえしば》盛平《もりへい》（一八八三―一九六九）という合気道の創始者がいた。

国際的な諸宗教の協力連合の動きは、一九二五年に神戸にできた道院で行われた万国信教愛善会に始まる。王仁三郎が中心となって始めたこの会は、世界平和を目指しており、大本、道院、生田《いくた》神社、その他の神社、神戸市仏教連合会、天理教、ＹＭＣＡ、ハリスト正教会、ヒンズー教などが関わっていた。世界の宗教協力の先駆的試みといえなくもない。さらに、大本はヨーロッパの宗教団体や右翼団体の協力を得ることも試みている。移民が多いブラジルでの布教も始められた。

この時期には、国家体制に関わるような世直しはあまり表に出さずに、人類の平和を目的とした実質的な横の連携の活動が目指されている。今でも大本は、どの国語からも独立した自由な国際語として構想されたエスペラントを重視し、大本歌祭では、イスラエルとパレスチナの双方から寄せられた歌が朗詠されたりする。これに限らず、現在の大本は海外の宗教勢力との連携に積極的だが、それはこの時期に形づくられた特徴だ。

†みろく大祭と第二次大本事件

その後、大本は一九二八年にみろく大祭を開催している。この年は巳《み》の年に当たり、革命が起こるという中国由来の伝承がある年であった。「みろく大祭」という大祭典を行う

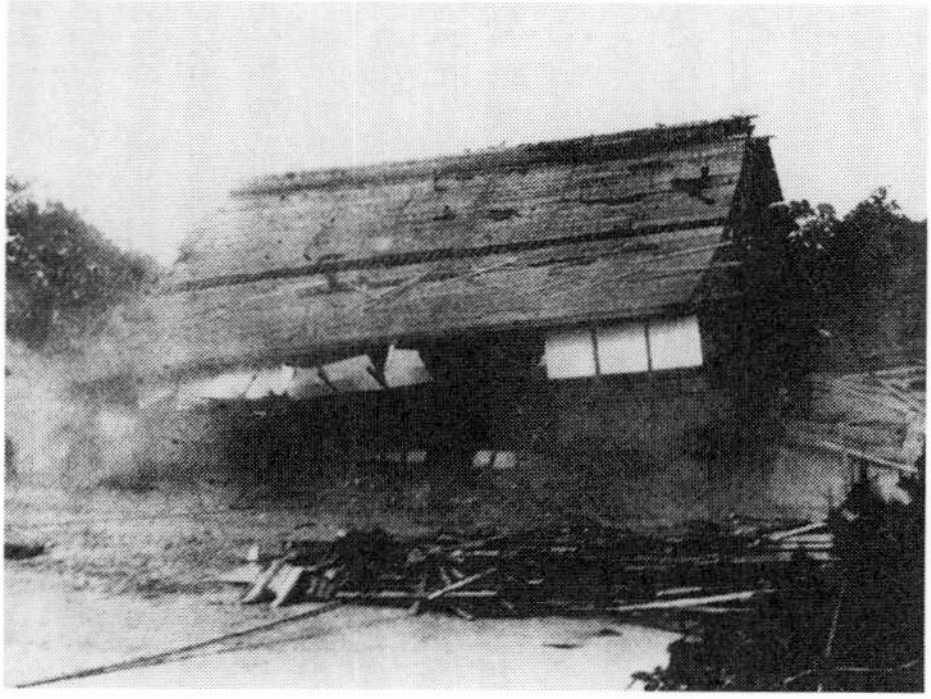

第二次大本事件（1935年）、引き倒される綾部神苑五六七（みろく）殿（大本提供）

亀岡天恩郷で白馬に乗る出口王仁三郎（1933年）、このあと不敬罪に問われる（大本提供）

ことは、出口王仁三郎が自らを弥勒菩薩・弥勒仏の化身だと宣言するような意味合いがある。これはかなり危ない行動で、自らが人類の救い主だと名乗ったとも受け取れるものだ。

東アジアには、弥勒下生《げしょう》信仰という、兜率天《とそつてん》の弥勒が地上に降りてきてこの世を救うという信仰がある。弥勒の下生は、五六億七〇〇〇万年後という遠い未来のこととされるが、それが差し迫った近い未来に起こるというのだ。中国では古代以来、たびたび宗教反乱が起こっているが、元《げん》末の白蓮教をはじめとして弥勒下生信仰と結びついている例は少なくない。韓国近代の新宗教の中にも弥勒信仰はしばしば見られる。日本の民俗宗教におけるミロク信仰については、宮田登『ミロク信仰の研究』が広く論究している。日本の民俗宗教では世直し的な要素は弱まり、豊かな稔りを願う「世直り」信仰の側面が色濃いが、それでも世直し的な要素は引き継がれており、江戸時代の富士講などにも見られる（第8章参照）。

一九二八年という年は、共産党の取り締まりが行われた年でもあり、治安維持法がいよいよ大規模に発動する年でもあったため、大本は大きな危険にさらされる可能性があった。一面では天皇中心の国家のために尽くすことを掲げながらも、他方で王仁三郎のカリスマを強め続け、国家と葛藤していくという負のスパイラルに入っていく。

これ以後、大本は国体論的かつ国家神道的な教えを強く説く一方、出口王仁三郎が救世主だということを匂わせ、国体論にもとづく世界救済を説いていくようになる。一九三四年には、大本が中心となって昭和神聖会を設立、右翼団体を糾合して天皇を助け、日本が世界の盟主になることを目指していく。総裁は二条基弘《にじょうもとひろ》公爵、統管が出口王仁三郎、副統管が内田良平と出口宇知麿《うちまる》（伊佐男、王仁三郎の娘婿で大本教主補佐でもあった）である。七月二二日の発会式について『人類愛善新聞』は、「出口王仁三郎氏起つて／維新完成の第一歩へ／皇道政治皇道経済の確立を期す／朝野の志士が一堂に会して／盛大なる昭和神聖会発会式」との見出しを掲げた。

しかし、この昭和神聖会で「皇道維新」を掲げ派手に政治活動を進めたことが、大本の第二次弾圧につながっていく。『人類愛善新聞』には北一輝とともに二・二六事件の首謀者の一人とされる西田税の談話も掲載された。昭和神聖会は、一九三五年には八〇〇万人の「会員・賛同者」がいると呼号するほどに発展する。二〇一六年にメンバーが三万八〇〇〇人前後といわれる日本会議どころではない。頭山満《とうやまみつる》など右翼の大物も協力しており、やがてクーデターを起こそうとするような軍の心情的皇道派も共鳴していた。これが第二次大本事件を引き起こしたともいえる。もともと共産主義の制御を主眼としていた治安維持法が、宗教団体の取り締まりに大規模に関わってくる一つのきっかけになった。

†第二次大本事件後の大本

この第二次大本事件は一九二一年の第一次大本事件よりも格段に徹底した弾圧で、皇道《こうどう》大本《おおもと》は本部以下、別院二七、分院・分社四一、主会三四、分所・支部一九九〇が解散させられ、人類愛善会、昭和神聖会等の諸団体もすべて解体された。教団施設は破壊しつくされ、出口王仁三郎、すみ以下、六一名が治安維持法で、王仁三郎以下一一名は合わせて不敬罪で起訴された。これ以降、大本は第二次世界大戦後まで、ほぼ地下に潜行することになる。それでも、王仁三郎が保釈されたのは一九四二年だった。一九四〇年の第一審は治安維持法と不敬罪で全員有罪になったが、一九四二年の第二審では治安維持法では無罪になり保釈されている。これは有力な弁護士を雇って大弁護団を結成した結果で、弾圧され沈黙は余儀なくされても、大本はそれほどの社会的勢力を保っていた。

出口王仁三郎は満七一歳の誕生日直前に出獄したが、亀岡の農園で質素な生活を送りながら楽焼《らくやき》や機織《はたお》りを始める。王仁三郎の楽焼は独自の明るい色彩感覚が独特で、「耀盌《ようわん》」とよばれ、今もファンが多い。大本はかねてより独自の農業や芸術活動に取り組んできたが、出獄後の王仁三郎の生活がその傾向をいっそう強めたといえる。今でも大本の本部にはお茶室や能舞台や美しい庭園があり、質素な生活の中で美を尊ぶ活動を続けている。

戦後の大本は「愛善苑《あいぜんえん》」を名乗り、農業運動や平和運動に力を入れ、規模は小さくなったものの、教派神道の一教団として、また習合神道系の新宗教として独自の路線を追求している。一九八〇年以降は臓器移植問題や死刑制度の廃止にも取り組み、世直し的、社会参加的なモチーフを保持しつつ活動している。大本は日本の新宗教の中でも世直し的な要素をもっとも濃厚にはらんだ団体として位置づけることができる。それが神道系の団体として登場したことは興味深い。法華＝日蓮系の新宗教団体も、創価学会に見られるように、政治に大きな影響を与え、世直し的な要素をもっていたが、神道系の中で大本は際立って世直し運動的な特徴を示してきたといえる。

日本の新宗教は、世直し的なものを掲げると、その多くが取り締まりを受けてきた。だが、強大な勢力をもつに至った教団の中でも、創価学会と大本の両者が世直し的なモチーフを強くもった教団だったことは注目すべきだろう。大本の場合は、抑圧が強かった時期に世直し的なヴィジョンを掲げつつも、国家が正統とする国家神道・神聖天皇崇敬の言説を取り込み、それによって、ある程度まで発展を遂げえたが、結局は強烈な取り締まりを受けることになった。他方、創価学会は戦時中は世直し的ヴィジョンは表に出さなかったにもかかわらず厳しい抑圧を受け、戦後の信教自由の体制で新たに世直し的ヴィジョンを押し出すことによって大発展を遂げた。しかし、それでも一九七〇年以降、一定の抑制を受け、政権与党に近づく方向をたどっていくことになった。

†創価教育学会の弾圧

すでに述べたように、創価学会の創始者である牧口常三郎が大本の出口王仁三郎と同様、治安維持法と不敬罪に問われて、戦後に創価学会を再興する戸田城聖とともに入獄したのは一九四三年のことだった。牧口は過酷な獄中生活の末、四四年一一月に獄死し、戸田城聖が釈放されたのは敗戦寸前の一九四五年七月だった。

牧口や戸田が咎められたのは、伊勢神宮の大麻《たいま》を仏壇に置くように迫られたのを受け入れなかったためである。国家神道の主神であり、神聖天皇の神聖性の源泉である天照大神への礼拝を拒むことを許そうとしなかった。もっとも牧口は「尋問調書」で、天皇を崇敬することは肯定している。だが、それは信徒たちを守るための方便的な発言だったとみなすこともできる。

一九四一年から四二年にかけて創価教育学会が刊行していた『価値創造』においても、天皇崇敬の発言はほとんど見られない。教育勅語にも批判的な発言を続けていたようだ。早い段階に書かれた『人生地理学』では、他国の富をわがものとしようとして、暴力をほしいままにするような帝国主義の現状を批判的に捉えていた。アジア諸国への侵攻に国家繁栄の活路を求め、国家神道による思想統制を通して大衆に忠誠を強いるような当時の国家体制に対して肯定できなかったはずだ。

こうした牧口の姿勢は、特高（特別高等警察）には許容できないものだった。一九四三年一一月の起訴状には、「右本尊以外の神仏に対する信仰礼拝を極度に排撃し、畏くも皇大神宮を尊信礼拝し奉ることも亦謗法にして、不幸の因なれば尊信礼拝すべからずと做す神宮の尊厳を冒瀆《ぼうとく》するものなる……」と記されている。国家神道の主たる礼拝対象である天照大神を礼拝しない団体は許容できないというものだった（伊藤貴雄「牧口常三郎の戦時下抵抗」、二〇〇九年、二〇一一年）。

一九三五年の第二次大本事件と一九四二年の創価教育学会事件は、この時期の政府が国家神道と神聖天皇崇敬に従わない団体は許容しないとする意思を強くもっていたことを示すものである。これは「国体ヲ変革シ又ハ私有財産制度ヲ否認スルコトヲ目的トシテ結社ヲ組織シ又ハ情ヲ知リテ之ニ加入シタル者」を処罰することを規定し（一九二五年）、さらにそれを厳罰化した（一九二八年）治安維持法の帰結だった。神権的国体論に従わない宗教団体は存続を許されなかったのである。

†大本系の教団――生長の家と神想観

大本から派生した宗教団体は数多くある。とくに大きなものとしては、谷口雅春《たにぐちまさはる》（一八九三―一九八五）が始めた生長《せいちょう》の家《いえ》が挙げられる。第一次大本事件ののち、谷口は独自の宗教集団を立ち上げ、新たな教えと活動形態をつくりあげていった。その過程で谷口は、当時のアメリカで広まっていったニューソートの思想に強く惹かれていった。その中核には、自らの想念を変えることで、癒しや運命の転換をもたらすことができるという信仰がある。神への信仰も維持されてはいるが、人間の心の転換こそが幸福の源泉だとするものだ。

この思想を引き継いで、谷口は「神想観《しんそうかん》」という実践を編み出す。これは祈りであるとともに瞑想でもあるような実践で、以下のような自己暗示的な唱え言葉が繰り返し唱えられる。

> 吾、今五官の世界を去って実相の世界に坐《ざ》す。……神の無限の知慧の海、無限の愛の海、無限の生命の海、無限の供給の海……今神の子として、神より無限の生かす力の供給を受けつつあるのである。

これに合わせて呼吸の調整が行われる。瞑目・合掌して鼻より息を吸い、鼻の奥から神の生気が流れ込むと念じる。そして、息を生き＝生命＝神であると感じとる。そして、「神の無限の生かす力、自分のうちに流れ入る。流れ入る……」、「神の無限の生かす力に満たされている。生かされている。満たされている。生かされている……」というように自己暗示的な言葉を繰り返すのだ。

これは出口王仁三郎が大本に持ち込んだ鎮魂帰神という行法を、心理療法的な自己暗示へと転換させたものといえる。神の力を人間の心のもたらす力にそって捉えようとするもので、仏教の瞑想法に近づいている側面もある。だが、瞑想の目的を身近な安定感や充足感においていて、超越的な悟りの境地はその延長線上で自ずから獲得されるものとみなされている。

このように生長の家においては、神こそが恵みの源泉だという信仰から、人間が自らを癒すというセラピー的な信念への移行がなされているのだが、それに対応して、信仰活動において知的に学び自己理解を深める活動が大きな位置を占めるようになる。生長の家は当初から『生長の家』という雑誌を読み、広めることに力点を置いた。この『生長の家』が創刊された一九三〇年が、生長の家教団の設立年とされている。

さらに谷口雅春の著述を編集して『生命の実相』全四〇巻が刊行され、世界聖典普及協会のホームページを見ると、累計一九〇〇万部が売れたと記されている（二〇二〇年六月）。こうして生長の家は、早稲田大学を中退した教祖の志向を反映し、読書を好む比較的学歴の高い階層にも受容されていった。やがて日本教文社という出版社も運営するようになるが、この出版社からはのちに『フロイド選集』なども刊行されていく。信徒に知的関心が高い人々が多いのはこの教団の特徴の一つである。

†生長の家の政治性

教団が成立して早い時期に満洲事変が起こり、日本の大陸への軍事的侵攻が進んでいく。こうした大日本帝国の現実の「光明」を谷口雅春と生長の家教団はポジティブに受け止めていく。世直し的な変革が、大日本帝国の軍事侵攻によって具体化していると捉えたのである。この時期から生長の家は神聖天皇崇敬も積極的に鼓吹するようになり、一九四一年に刊行された谷口雅春編著『天皇絶対論とその影響』（光明思想普及会）には、冒頭に「天皇信仰」という谷口の文章が掲載されている。

すべての宗教は、天皇《てんのう》に帰一《きいつ》する為の前提として存在の意義があるなり。すべての宗教が、『我《が》』を捨つるを説き、『無我《むが》』を説き、富を捨つるを説き、『無所有《むしょいう》』を説くは、『この世は何にも無いものだから諦めよ』と云ふ意味に非《あら》ず。すべてのものは、天皇の一元《いちげん》より発現《はつげん》することを教へたるなり。すべての森羅万象 天皇の大御《おほみ》いのちの顕現ならざるはなきなり。天皇を説かず、仰がず、『無』のみを説く宗教は準備時代の宗教に過ぎず。／わたくしの『生命』を愛護すること勿《なか》れ。『生命』が尊きは天皇の大御いのちの流れであり、岐《わか》れであるが故に尊きなり。寸時も、『天皇のみたまのふゆ』なることを忘るべからず。（三―四ページ）

強度の天皇崇敬を鼓吹する内容である。こうした戦時中の言説を咎められて、谷口は占領軍によって公職追放にあっている。しかし、その後も谷口は天皇への絶対帰一を説き続ける。たとえば、『限りなく日本を愛す』（日本教文社、一九六五年）には、次のような一節がある。

日本民族は先づ多を統一する「一《いつ》」にして主《しゆ》なる生命の根元を求め、その根元に対する憧憬《しようけい》と敬慕との感情を、天皇家に移入し、その極元《きよくげん》を 天皇に於いて自己表現したのであります。それは、「一」にして「主」なるものへの帰命《きみやう》の感情を自己より対象に対して移入したものでありますから、天皇は実は、日本民族がその生命の本源と

「中心」と崇拝する理想対象として「自己の内」に在《いま》し給ひ、その理想が移入されて客観的《かくかんてき》なる天皇として顕現《けんげん》し給うたのであります。(二三六ページ)

やや難解な部分があるが、戦時中の立場がほぼそのまま継続されていることがわかるだろう。こうした言説によって薫陶を受け、生長の家の青年組織に所属した者たちが、右傾化する現代の政治家たちが頼りとする「日本会議」(一九九七年設立)、またその二つの前身組織のうちの一つである「日本を守る会」(一九七四年設立)という組織を支えたのだった。すでに一九六四年には、生長の家政治連合を結成し、全国の大学に学生組織をつくるなどして政治活動に力を入れていた。

しかし、谷口雅春が一九八五年に死亡すると、九〇年代以降、谷口雅春の孫にあたる谷口雅宣《まさのぶ》が総裁として新たな方向へと舵を取るようになる。そして、生長の家教団は右派政治色を脱し、天皇信仰の側面も脱していく。生長の家政治連合も活動を停止する。かつて生長の家教団に属していた「日本会議」の実働的メンバーたちは生長の家教団の外部に宗教的拠点をもとうとするようになる。本体の生長の家教団は環境問題への関心を深め、リベラルな社会性を帯びるようになってきている。

†世界救世教と手かざしによる癒し

大本の第一次弾圧（一九二一年）以後に大本から分かれ、独自の信仰集団を形成して大きな流れを形成したもう一つの運動に、熱海と箱根を本拠とする岡田《おかだ》茂《も》吉《きち》（一八八二―一九五五）の世界救世教《せかいきゅうせいきょう》がある。世界救世教は一九五〇年代以降、多くの教団に分かれていった。大きなものには、岡田光玉《こうたま》（一九〇一―七四）が創始した崇教真光《すうきょうまひかり》・世界真光《まひかり》文明教団や、小山美《こやまみ》秀《ほ》子《こ》（一九一〇―二〇〇三）による神慈秀明会《しんじしゅうめいかい》がある。その他、救世神教《きゅうせいしんきょう》、大日本光明教会、世界浄霊会《せかいじょうれいかい》、天聖真美《てんせいしんび》会《かい》、救世主教《きゅうせいしゅきょう》など、分派独立した多くの教団がある。また、世界救世教本体もいくつかのサブグループに分かれている。これら全体を合わせるとかなり大きな勢力となる。

これらの教団群の信仰の共通の核には手かざしによる癒しの信仰がある。神霊が宿るお守り（「お光さま」）を首にかけ、他者に向かって手をかざして「浄霊」を行う。それによって、他者の体内の罪穢れや薬毒を清め、神霊の生命力が付与されるとする。神の癒しの働きが手のひらから発せられる波動として具象化されるとともに、身体の病や癒しの作用を神霊的な波動の働きと関係づけて具象的に捉えるのが、その信仰の独自性である。これはもともと大本の鎮魂帰神の儀礼であったものを変容させていったもので、その点では生長の家の神想観とも対応する関係にある。

世界救世教は「手かざし」による病気なおしに力点を置いて発展していった。医療を受けることに消極的で、できるだけ薬物も用いないようにする。薬物はそれ自身、自然に反する有害な物質であり、身体を傷つけると信じる。それと同様の論理を用いて、「自然農法」を掲げ、化学肥料や農薬を用いず自然のプロセスにのっとった農業を行うことを推奨する。日本の有機農業の運動と並行して、宗教的動機をもった「自然農法」が強力に展開したのは、世界救世教系の教団群の活動による部分が大きい。

こうした特徴は、近代科学が前提とする自然観の捉え返しという側面から見ることもできる。心と身体、主観と客観を切り離して、距離をおいて身体や自然に相対するのがデカルト－ニュートン的な近代科学のパラダイムだった。そうではなく、両者の連続性や相関性を考慮に入れて身体や自然に向き合うことを促す。これは二〇世紀の最後の四分の一世紀に、近代科学の推進者であった欧米の内から出てきたポストモダン的、あるいはエコロジー的な思潮と歩調を合わせるところがある。

†美的経験の重視

世界救世教のもう一つの特徴として美の重視、芸術活動の重視ということがある。教団の聖地に美しい庭園をつくり、美術品を収集し、また教団指導者や信徒自身が陶芸、茶の湯、書道、生け花、琴の演奏、短歌創作等に携わる。聖地全体を地上天国とみなし、神的な美しい世界のモデルをそこに表そうとする。世界救世教の熱海や箱根の聖地はそのような性格をもっている。

これらも大本から引き継いだものだ。大本の聖地の綾部や亀岡の建造物は特異なものだった。第二次大本事件で破壊されてしまったが、戦後にいくらかは復興されている。だが、世界救世教系教団では、美が大本以上に重視されており、熱海のMOA美術館（世界救世教）や滋賀県信楽《しがらき》のMIHO MUSEUM（神慈秀明会）は国内でも有数の美術館として知られている。

世界救世教は大本の弾圧を経験する過程で、いったんは政治的な側面では聖と俗を分離し、政治に関与しない方向へと展開した。それでも戦時中も戦後も抑圧を受けたが（戦後はGHQによって）、聖地を「地上天国」のひな型とみるなどして、世直し的なヴィジョンも失われたわけではない。浄霊や自然農法は、世界の文明を新たな方向に向き替えるはずのものだとの信仰も多かれ少なかれ維持されている。そして実際、現世の生活の中に宗教的な聖なる価値を具現するという志向性が強い。それが医療や農業や美の重視というところにつながっている。これは神道のもっているある側面が現代的に展開したものといえるだろう。また、戦後は有力政党との連携が追求されてきている。これは過去の抑圧の経験に由来する自己防衛という側面もあると思われる。

宗教と科学や芸術も含め、人間の諸活動が重なり合うという認識は、大本にもあったものだが、世界救世教もそれを引き継いでいる。自然との交流や美的な経験を重視する世界救世教の霊性は、歌道・武道・芸道などが尊ばれてきた日本の文化的伝統との連続性が大きい。また、環境問題の重要性がますます強く認識される現代人の問題意識に対応する側面をもっているといえる。

第6章　新宗教発展の社会背景

†新宗教の成長と富国強兵の時代

大本は明治時代の後半に教団の基盤が形づくられたが、霊友会は、大正から昭和にかけて基盤が形成され、一九三〇年代以降が発展期だ。一九二〇年代から六〇年代が新宗教の最大の発展期で、多くの教団が生まれ、急速に教勢を増していく。一九七〇年代以降もオウム真理教などいわゆる新新宗教が登場するが、それほど大きく成長せず、新宗教全体としては衰退期を迎える（第11章、参照）。

新宗教の成長期は一九世紀前半から始まっているが、もっとも多くの住民を巻き込むたいへん大きな勢力に発展したのは一九二〇年から一九七〇年のおよそ五〇年間だった。新宗教全体を見渡すと、一九世紀の半ばから明治期に基礎がつくられていき、二〇世紀の最初の四分の三くらいに大きく発展するが、とくにアジア・太平洋戦争をはさむ時期が大きな発展期にあたる。敗戦後、「雨後の筍のように」新宗教が広がったといわれ、「神々のラッシュアワー」ともよばれたが（マックファーランド『神々のラッシュアワー』、後述）、すでに戦前にその基盤はできていたとみる必要がある。

この時期は日露戦争が終わった後、第一次世界大戦から満洲事変へ、そしてアジア・太平洋戦争と、国の命運がかかった大戦争へと向かっていき、国家主義と国民意識（ナショナリズム）が昂揚した時代だ。他方、後半の二五年は戦争が終わって国内的には「平和な」、高度経済成長の時期だったが、敗戦の苦渋から立ち上がろうとする国民の連帯感はなお強かった。日本は明治維新以後、富国強兵をめざして、その具体化を続け、世界の列強に並ぶような立場を得る。さらに戦争に突入して大きな挫折も経て、その後は経済成長という目標に力を注いでいった。

新宗教が成長した時期は、国民が連帯意識をもち、強さや豊かさという広く共有された目標に向かって前進する時代だった。それが「進歩」と感じられたのだった。現代では、世界的に「進歩」の時代は過去のものとなり、安定、あるいは停滞の時代であることを受け入れざるをえない時代といえる。欧米からすると遅いのかもしれないが、世界の他の地域と比べると日本はいちはやくそういう状況になっている。前を見て成長をすると意識された時代に、新宗教は大きく成長した。

大本と、生長の家、世界救世教などを合わせた大本系の教団、霊友会、立正佼成会、妙智會などを含んだ霊友会系の教団、そして創価学会がこの時期に発展した代表的な教団で、第1章から第5章までそれらを概観してきた。ほかにも多くの教団があるが、ここではもう一つの大きな潮流を見るために、ひとのみち教団を取り上げたい。

†ひとのみち教団の二つの側面

一九一〇年代に御木《みき》徳一《とくはる》（一八七一―一九三八）が独自の悟りを得たことに始まるひとのみち教団は、大正後期から昭和初期にかけて爆発的な成長を遂げた。御木徳一は金田《かなだ》徳光《とくみつ》（一八六三―一九一九）が創始した徳光教《とくみつきょう》（一九一二年設立）に加わっていたが、徳光の没する前後から新たな信仰への歩みを進め、一九一六年に独立、二八年、扶桑教人道徳光教《ふそうきょうじんどうとくみつきょう》会《かい》と名乗った。一九三一年には「ひとのみち教団」と改称し、急速に全国的な大教団に発展した。神道に近い祭祀様式をもち、礼拝対象を天照大神とし、教育勅語を教典とした。国家神道に随順したかたちだが、実際に信徒に説かれた教えは、「元則六節」、「人訓二十一ケ条」という形で示される、生活に密着した心の持ち方の教えだった。

「かみは宇宙一切のものの根元である。一切の物象事象は大宇宙の原動力たるかみの力の発見（発現の意か―島薗注）」（『教師心得草案』一九三二年）というように、現象世界に内在する作用や働きとして「かみ」を捉えている。そして、心の働き方が、自然に内在する法則に合致しないと病気などの不幸が生じる。これを「神示《みしらせ》」とよぶ。病気などの不幸を克服していくには、「みしらせ」の原因を明らかにする「みをしへ」に従って心のあり方をかえ、それを実行に移さなくてはならない。たとえば、「怒り急ぐ憂へ悲しむ心」、またその元にある「不足の心」をあらためることが重要だ。

こうした実行の指針をまとめたのが、「人訓二十一ケ条」である。第十二節「ひとは天性を働かし、中間を守れよ」、第十五節「己れを虚くしてひとを尊むべし」、第十九節「幸福は己を捨つるにあり」などである。「我」の放棄、不安や気おくれの克服、積極性・調和・適応の勧めといった内容が主なものである。

このように自らの心にセラピー的に向き合うとともに、日常生活の中で大宇宙の法則にかなった生き方をしていくことで幸福になれると説く。神に対する信仰よりも、法則にかなった生活と実行が大切とされる。そこで、「しんこう」を「真行」と書く。もっとも「おふりかへ（お振替）」とよぶ救済儀礼も重要な役割をもっていた。緊急の場合は、「をしへおや」や「准祖」、つまり教祖や教祖に次ぐ地位の存在が身代わりになって背負ってもらえるよう願う儀礼がある。心なおし的で修養道徳的な側面と救済信仰的な側面が支え合って、急速に教勢を伸ばしていった。

しかし、ひとのみち教団は一九三七年に大きな弾圧を受ける。主神を天照大神とし、教育勅語を重んじ、国家神道に対抗する教えをもっていたわけではないが、不敬罪によって立件された。実際は不敬の理由はあまり明確ではなく、むしろ特高の取り締まりは呪術迷信的宗教運動撲滅の論理に動機づけられた面が大きいとされている（小島伸之「特別高等警察による信教自由制限の論理」）。大阪等の大都市での急速な勢力拡張そのものが「不穏」な動きとして咎められた形だ。

†ＰＬ教団と修養団体

戦後になって、御木徳一の息子の御木徳近《とくちか》（一九〇〇－八三）によってＰＬ（パーフェクトリバティー）教団が形成され、一九五四年から本部を大阪府羽曳野《はびきの》市に置き、再び大教団に発展した。ＰＬ教団は「ＰＬ処世訓」二十一ケ条を掲げるが、第一ケ条には「人生は芸術である」とあり、ひとのみち教団の「人訓二十一ケ条」より人生に前向きの姿勢が強められている。ゴルフ場や遊園地や病院とともに大平和祈念塔をもつ本部施設では、毎夏、大きな花火大会が行われた。ＰＬ学園は高校野球でも著名となった。

そのほかに上廣哲彦《うえひろてつひこ》（一九〇六－七二）による実践倫理宏正会《じっせんりんりこうせいかい》が、宗教団体ではない、修養団体として発展する。ほかにも丸山敏雄《まるやまとしお》（一八九二－一九五一）による倫理研究所《りんりけんきゅうじょ》、自然《しぜん》社《しゃ》など、ひとのみち系の団体はいくつかある。ひとのみち教団は厳しい弾圧を受けたが、その運動は形を変えて戦後に引き継がれたといえる。PL教団はひとのみち教団を引き継ぎ、神や教祖の神秘的な力を頼る「祖遂断《おやしきり》」とよばれる祈りがあり、宗教的な側面が保持されている。一方、実践倫理宏正会、倫理研究所が行う「朝起会」は、心なおしや修養の側面に集中しており、宗教団体ではないという立場をとっている。とはいえ、「朝起会」はひとのみち教団が朝早く起きて、ともに礼拝していた「朝詣り」を引き継いでおり、ひとのみち教団の生活信条と心なおしの側面を新たな形へと展開させたものとみることもできる。

新宗教の影響を受けつつ修養団体として発展した団体には、他に学者であり天理教の信徒でもあった廣池千九郎《ひろいけちくろう》（一八六六―一九三八）が創始したモラロジー研究所や、蓮沼門三《はすぬまもんぞう》（一八八二―一九八〇）によって創始された修養団《しゅうようだん》がある。また、田澤義鋪《たざわよしはる》（一八八五―一九四四）によって創始され、すぐに大きな運動へと展開した青年団《せいねんだん》も類似した運動だ。田澤は内務省明治神宮造営局総務課長だったが、学校教員を務めながら地域の青年の修養運動に取り組んだ山本滝之助（一八七三―一九三一）の影響を受けて青年講習運動を実践していた人物だ。これらの運動の多くは宗教団体であるわけではなく、新宗教に類別はしにくいが、修養道徳を強調する運動として新宗教と類似する性格をもっている。

†修養道徳と日本の企業

日本の企業の中には従業員と経営者が一体になって心なおし的な教えを掲げているものがある。たとえば、稲盛和夫《いなもりかずお》（一九三二－　）が創始した京セラのホームページを見よう。そこには「社是」として「敬天愛人」が掲げられ、「常に公明正大　謙虚な心で　仕事にあたり　天を敬い　人を愛し　仕事を愛し　会社を愛し　国を愛する心」と述べられている。また、「経営理念」の表題の下に、「全従業員の物心両面の幸福を追求すると同時に、人類、社会の進歩発展に貢献すること」とある。

さらに、「心をベースに経営する」と題し、「京セラは、資金も信用も実績もない小さな町工場から出発しました。頼れるものは、なけなしの技術と信じあえる仲間だけでした。会社の発展のために一人ひとりが精一杯努力する、経営者も命をかけてみんなの信頼にこたえる、働く仲間のそのような心を信じ、私利私欲のためではない、社員のみんなが本当にこの会社で働いてよかったと思う、すばらしい会社でありたいと考えてやってきたのが京セラの経営です。／人の心はうつろいやすく変わりやすいものといわれますが、また同時にこれほど強固なものもないのです。その強い心のつながりをベースにしてきた経営、ここに京セラの原点があります」と記されている。

経済活動がそもそも道徳的な理念と重なり合うという考え方を強調する経営者は少なくなく、パナソニックの創始者、松下幸之助（一八九四―一九八九）は代表的な例だ。戦後、公職追放処分を受けたが、一九四六年一一月にＰＨＰ研究所を設立し、修養道徳の宣布に力を入れた。

「ＰＨＰ」とは、「Peace and Happiness through Prosperity」（繁栄による平和と幸福）の略語で、人間生活、とりわけ経済活動が心の安定と平和に貢献すべきものだという理念を表している。『ＰＨＰ』という月刊誌の刊行から出版活動へと展開し、経営者の講習や研究活動も行ってきている。

†一燈園、ダスキン、修養を重んじる経営

それよりも早く、修養道徳を強調する宗教団体として一燈園《いっとうえん》があった。一燈園は京都の山科《やましな》に本拠のある団体で、西田天香《にしだてんこう》（一八七二―一九六八）が一九〇四年に始めたものだ。奉仕（托鉢）の生活を行うことを信条とし、神、仏、大自然にあたる崇拝対象は「お光《ひかり》さん」という。「懺悔」と「下坐《げざ》の心」で家々のトイレ掃除をして回るのを六万行願《ろくまんぎようがん》の行といい、現在も続けられている。懺悔奉仕光泉林《こうせんりん》という別の団体をつくって、出版・印刷・農業・建築・劇団などの活動を行い、学校も営んでいる。コミューンのように共同生活を

しながら、経済的な自立も維持しており、修養道徳を重視する企業にあい通じる側面もある。

修養道徳を重視する企業という点で代表的なのが、掃除用品の配布と清掃サービスで知られるダスキンだ。鈴木清一《せいいち》（一九一一－一九八〇）という人物が金光教と一燈園に影響を受けて、「祈りの経営」を掲げてきた。その「経営理念」は以下のようなものだ。

一日一日と今日こそは／あなたの人生が（わたしの人生が）／新しく生まれ変わるチャンスです
自分に対しては／損と得とあらば損の道をゆくこと
他人に対しては／喜びのタネまきをすること
我も他も（わたしもあなたも）／物心共に豊かになり（物も心も豊かになり）
生きがいのある世の中にすること

ありがとうございました
合掌

生長の家のような新宗教教団が、経営者が参加する「栄える会」という団体を組織している例もある。二〇一五年には五〇〇〇人が属しているという（栄える会ホームページ）。一九八三年には京セラの稲盛和夫が経営者の学ぶ盛友塾を始め、やがて盛和塾と名を改め、二〇一六年には九六塾一一二六人が所属していたという（盛和塾ホームページ）。

†修養道徳と自然・身体重視の思想

修養道徳と身心統一が結びついた団体として、中村天風《てんぷう》（一八七六―一九六八）による天風会《てんぷうかい》がある。中村天風は玄洋社《げんようしゃ》のメンバーであったこともあり、アジアや欧米の各地で精神文化を学んだが、インドで学んだヨーガにはとくに大きな影響を受けた。現在も東京豊島区に本拠がある天風会では、呼吸法、体操法、坐禅法、ひいては玄米食などを織り合わせている。プロ野球の監督として活躍した広岡達朗氏も天風会に学び、選手に玄米食を勧めたという。

玄米食を勧める精神運動としては、大正時代に桜沢如一《さくらざわゆきかず》《によいち》（一八九三―一九六六）が始めた「食養」の運動も挙げておきたい（拙著『〈癒す知〉の系譜――科学と宗教のはざま』）。玄米食だけではなく、「陰陽の調和を重視し、自然の秩序に背かない食生活をしよう」という運動だ。「身土不二」という理念もあり、環境との調和も説かれる。よい食生活をすることでよい人生を送ろうと考えるものだ。これも新宗教に近い考え方といえる。桜沢は海外ではジョージ・オーサワの名で知られている。フランスでこの運動を広めるのに成功し、やがてアメリカに渡り、むしろ海外で大きな運動となり、「マクロビオティック」と称されるようになった。

白米食が広まったために脚気で苦しむことになった近代日本で、玄米食の運動が広まったことは納得がいくが、それが陰陽のバランスを尊ぶ東洋思想と結びつき、欧米の人々にも受け入れられたことは注目に値する。習合神道系の世界救世教では自然農法による自然食を勧めるが、マクロビオティックはそれと相通じる側面がある。

†都市化と新宗教の発展

なお、戦時中から戦後にかけての時期に、キリスト教の信者もかなり伸びた。戦時中に世界から孤立したこともあり、日本生まれのキリスト教系新宗教もいくつかある。村井ジュンによって一九四一年に創設されたイエス之御霊教会《みたまきようかい》や手嶋郁郎《てしまいくろう》によって一九四八年に創設されたキリストの幕屋《まくや》などである（マーク・R・マリンズ『メイド・イン・ジャパンのキリスト教』）。もともとキリスト教の信者はインテリ層が中心だったが（森岡清美『日本の近代化とキリスト教』、拙稿「新宗教とキリスト教」）、この時期には抑圧に苦しむとともに、広い社会層に広まっていくようにもなった。

とくに第二次世界大戦後は、宗教団体に加わることが魅力的に感じられる時代だったといえるかもしれない。アメリカでも二〇世紀の最後の三分の一以前の時代は団体への所属が好まれた時代といわれる（Robert Wuthnow, *The Restructuring of American Religion*, 1988）。宗教団体・社会団体・政治団体に加入したり、所属する人が多かったようだ。

ところが、それ以後、集団に属することがあまり魅力的ではなくなる時代が訪れる。人々は心の拠り所を求めて、生涯、探求の旅を続けるかのようだ。スピリチュアリティという語が広まるのはこの変化と関連が深い（拙著『スピリチュアリティの興隆』）。こうした事情は、日本も少し時期が遅れるが、同様の道を辿っているように見える。

では、新宗教への所属が人々に好まれたのはどのような時代か。一九六〇年代の前半に福岡市に例をとって創価学会を研究した社会学者・鈴木広によると、新宗教の発展には都市化が大いに関係し、村から都市へという人口の移動と新宗教の発展には関連があるという（鈴木広『都市的世界』誠信書房、一九七〇年）。創価学会に入る人は、村から都市へ出てきて、農業から工業や商業・サービス業など新たな生活形式に転換した人が多い。都市での新たな人間関係の形成と宗教団体への所属はつながっている。「離村行都《りそんこうと》」という言葉を鈴木は使っている。

†共同体所属の変化として捉える

同じような観点を提示した論著にH・ニール・マックファーランドの『神々のラッシュアワー』（社会思想社、一九六九年、原著、一九六七年）がある。戦後に新たに多数の新宗教が発足したことを「神々のラッシュアワー」と呼んでいるのだが、新宗教は村落社会から都市社会へと移動する人々が新しい近代的な社会関係に適応するための「橋渡し的性格」をもち、意識転換をもたらす「気密室」の役割を果たしていると論じた。ある種の暖かい共同体的環境に守られることによって、新たな環境に適応するための心理的支えを提供したという見方だ。

男性中心に見ると、近代化都市化の進展によって、人々は村（ムラ）から会社という共同体に入るようになった。組織に入るという意味では、日本の組織の中心は、新しいムラのようなものだ。企業経営でいう日本型経営は、終身型雇用、年功序列、企業内組合などを特徴としている。いったん会社に入ると一生そこにいて、会社の中で緊密な人間関係を築く。その信頼関係が日本企業の力になっていると評価されてきた。

一九八〇年にエズラ・ヴォーゲルが『ジャパン・アズ・ナンバーワン』という本を書いている。通産省を中心に終身雇用・年功序列の企業が効率的で安定した連携関係をつくってきたことが、世界的にも際立つ日本の経済的成功の要因だというものだ。その中では、中根千枝が「タテ社会」とよんだような、所属仲間重視でムラ的な企業組織が日本の産業の成功につながっているとされている。護送船団方式という言葉に代表されるように、当時は日本的経営を維持する日本企業の戦略を、通産省がうまくまとめて進めてきたと捉えられていた。

その時代の女性は、都市の主婦という役割が多かった。主婦をしながらパートタイムで働くこともあったが、所属からいうと、親族集団はあっても、かつてのムラには距離ができている。子育ての途上で、また、それに続く時期、仲間のつながりが力になる境遇にある場合が多かった。女性が結びつく新たなムラ（共同体）として新宗教は大いに有効だったとみることができる。新宗教の発展は性別役割分業というジェンダー構造と深く関わっている。女性の役割が家庭内での家族のケアにあり、それを支えるモラルや地域的仲間関係の構築が求められた時代に、新宗教はその精神文化的基盤を提供したといえる。

†平等主義と実力主義

新宗教では、入信するとすぐに仲間集団に加わり、さらに仲間を集めることが求められる。そして多くの仲間を集めると自らがリーダーになれる。自己増殖的に仲間を増やす集団だ。その結果、地域に女性のリーダーが次々と生まれた。男性がリーダーになることも、もちろんあったが、布教現場での実働という観点から見れば、女性のリーダーの方がだいぶ多い。

新宗教の地域組織は下からの参加が可能で、自由競争で、平等主義といえる。だが、平等主義であると同時に実力主義でもあり、多くの仲間を集めた人が功績と実力評価によって高い地位を与えられる。しかし、教団を全体として見渡すと、その官僚組織の上位には圧倒的に男性が多く、そこは役割分担が行われていた。それが新宗教集団の特徴である。

地域でリーダーになる資格は、他人を納得させることができるということだ。その納得とは、教義についての知識や合理的な理論ではなく、一面は体験にもとづく物語によって、他面では、他者への共感力とケア力によって得られる。これを実行する力をもっている人が仲間をつくる、あるいは部下をたくさんもつようになる。それは言葉で説明するよりも、体験を重ねる中で練られていく。体験主義的である（拙稿「新宗教の体験主義――初期霊友会の場合」）。

米国ではよく知られた思考傾向だが（ホーフスタッター『アメリカの反知性主義』）、これは「反知性主義」にもなりうる。平等主義ではあるが、教祖やリーダーには絶対的に服従する権威主義的な面もある（拙編著『何のための〈宗教〉か？』）。伝統宗教と比べると、実力主義的な教団組織の中での上昇が可能だ。平等主義や実力主義は近代の特徴といえるが、なかなか実際の組織では実現しにくい。他の経済組織や軍事組織ではなかなか組み込めないような草の根の人的資源を新宗教は汲み上げることができた。

†下からの参加と均質化

二〇世紀のある時期は、下からの参加が可能な時代で、「群衆の時代」ともいわれている（モスコヴィッシ『群衆の時代』、オルテガ『大衆の反逆』）。リーダーとなって群を率いていく素質が必要になり、群的な集団に属することで安定感を感じる。そういう時代であった。一面では平等主義だが、均一化、同質化の時代ということもできる。

ナチスのあり方やスターリン体制下のソビエトなどの全体主義はどうだっただろうか。ナチスの政策による社会変化を表す言葉に「グライヒシャルトゥング」（強制的同質化、画一的動員）という言葉がある。日本でもナチスとは異なる形でだが、そういう動きは起こり、総力戦体制へと組み込まれていった（山之内靖『総力戦体制』）。その中で宗教は一定の役割を果たしたとも考えられる。戦争になると、町内会、自治会、隣組や在郷軍人会、国防婦人会などが登場する（藤井忠俊『国防婦人会』、同『在郷軍人会』）。そういう集団と、新宗教には似た特徴があるように思われる。

霊友会は「国友婦人会」という組織をもっていた。名前が「国防婦人会」によく似ており、戦争協力も行った。一般の自治組織が大政翼賛会のような国家的組織の実質的な下部構造になっている。私が詳しい調査研究を行った修養団捧誠会《しゅうようだんほうせいかい》は、今でも「浄会」を行っている（『時代のなかの新宗教』）。隣組が開催していた「常会」と同じ音である。戦争中からそのように宗教団体独自の集いをもって、戦争協力の組織といくぶんかずれた集まりをつくっており、それを戦後も継続してきたのだ。

戦争中は宗教活動をあまり自由にできなかった局面はあるが、けっして根こそぎに否定されたわけではなかった。戦争中から戦後へと宗教活動は続いている。霊友会系の教団や世界救世教、生長の家、天理教、金光教といった団体は、ときに取り締まりを受けながらも、戦時中も組織を保っており、教勢を伸ばした下部集団もあった。確かに停滞はあったものの、底力を維持して戦後にさらに急速に展開していく。この時期に基盤を形成し、国家神道や神聖天皇崇敬に親和的な教団の中に、現在、日本会議に属しているものが多い。

†新宗教は都市化の時代に広がった

第二次世界大戦後に「雨後の筍のように」新宗教が発生したという見方は、部分的には当たっているが、別の側面から見る必要もある。一九二〇年以降にできた団体やそれ以前からある宗教団体が、戦時中も成長を続けたり、組織を維持したりしながら、戦後にさらに発展したとみた方がよい場合がかなりあるのだ。

このように見てみると、新宗教は日本の都市化が急速に進み、社会集団が大きく転換する中で人々に新たな居場所を提供していったことがわかる。都市化がとりわけ急速に進んだ時期として、一九二〇年代から六〇年代に注目したい。ここまで取り上げてきた多くの教団は、この時期に発展している。この時期が日本の新宗教がもっとも活動を活発化させた時期だ。大本は発展期がそれらより少し早い。日本の資本主義の早い段階を代表する繊維工業が急速に発展していた京都府の綾部で、大本の基盤が形成されたことは興味深い。

だが、広く見れば、都市化と人口移動は幕末維新期から始まっていた。幕末維新期から一八九〇年代までは、封建制から資本主義的近代国家への転換期で、この時期に初期の新宗教、天理教や金光教、あるいは本門佛立講などが発展した。天理教や金光教は農村で始まっているが、近代的な産業が発展する近畿地方に近いところでその基盤は形づくられていった。これについては、第9章で見ていく。

江戸時代の後期には、なお伝統宗教が地縁・血縁を通して人々の生活との密接な関わりを維持していた。近代に入っても、なお神社や寺院、あるいは村の行事や家での仏事が、人々が結集する場所や機会としての機能を果たしていた。しかし、田舎や地方の小都市のレベルで神社や寺院がもっていた組織力と大都市とでは状況が大きく異なっている。大都市では、すでに神社や寺院が人を組織する力は弱くなっていた。その一方で、新宗教が、人々が新たに横につながることのできる組織をつくっていったとみることができる。

第7章　新宗教の思想と信仰

†新宗教が人々を魅了したわけ

何が魅力で人々は新宗教に入っていったのか。一つの大きな理由はより幸せになるためだろう。この世でより幸せな人生を送ることを助けてくれる、その知恵をくれると同時に、実質的なサポートもしてくれる、そういう機能を新宗教はもっていた。

多くの人が病気なおしがきっかけとなって新宗教の信仰に入ったといわれる。「病貧争」というように、病気、貧乏、争いごとが人間の生活を壊してしまい、苦しみをもたらす。それに対して、「健富和」といったりする。健康になり、貧乏から経済的に立ち直って豊かになり、さらに家族や職場の人たちとよりよい人間関係を保って、普段の生活でも職業生活でも仲良く幸せに暮らせる。こういうことが教えの実践を通してなされていく。

その中でとくに病気なおしが入信のきっかけとなることが多かった。戦後すぐまでの時代は、まだ医療の体制が整っていなかったという背景もある。結核で命を落とす人も多く、ペニシリンが広まるのが一九五〇年代だ。感染症を制することができると感じる時期までは平均寿命も短く、子供の死亡率も高かった。保険制度が整うのも戦前から戦後にかけてで、病気になったとしても医師にかかるには経済力が必要とされた。食生活も今と比べると、かなり劣っている。脚気がビタミンBの不足だとわかったのが昭和の初期のことだ。

そのような中で救済のための呪術が行われた。手かざしやご神水《しんすい》を飲む、題目を唱える、あるいは祈りによって癒されるという経験が、人々の入信の動機になることが多かった。体調を崩すことは、そのまま社会生活の基盤が危うくなることだ。健康になることによって安定した社会生活が送れるようになり、社会的成功にもつながった。

病気なおしだけではなく、心なおしや世直しの要素も重要だった。すでに見てきたように、新宗教の中には信仰によって社会が変わる、あるいは日本の国が変わる、そして理想的な社会に近づいていくというメッセージをもった運動が数多くある。キリスト教にも見られ、大本と日蓮系の運動はそういった世直し系のメッセージを強くもっていた。

大本では、世の立て替え立て直しを、出口なおの「お筆先」の中に書いている。その中で、「一人ひとりの人間が生き方を変えていくと、それが積み重なって世界も変わっていく。それは神の計画の中にある」と称してきた。大本では経倫《しぐみ》とよんでいる。日蓮系の教団でも、日蓮の教えの中に立正安国論や法華経、南無妙法蓮華経を唱える信仰があること から、仏教的な世直し思想が大きな影響をもっていた。

†世直しと心なおし

霊友会や創価学会のような教団が出てくる背景にも、日蓮の信仰、あるいは法華経による世直しの考え方が存在した。その点を明確に打ち出したのが国柱会《こくちゅうかい》を創始した田中智学《ちがく》のような人たちだ。田中智学の運動については第9章でより詳しく述べるが、あまり大きな大衆運動にはならなかった。世直しは説くけれども、病気なおしや心なおしの面が弱かったからだ。知識人や政治に強い意識がある人は世直しに惹かれるが、多くの庶民はむしろ身近な日常生活の変革、生活の基盤に関心があって、それは病気なおしや心なおしによって追求される。

新宗教の普及のキーになるのが、第3章、第4章でふれた心なおしだ。新宗教があれほどの力をもったのは、心なおしのメッセージが多くの人を惹きつけたからに他ならない。自分の心を見つめて心のあり方を変えていくという教えだ。自己中心的な感情や生き方を変え、他者と調和するものにしていくことを目指す点に大きな特徴がある。敵意や憎しみ、人と対立して我を張ることを改め、人の気持ちを汲み、その人の気持ちになるという利他的な面、あるいは人と調和することによって自分自身も幸せになれるということを強調する。自己中心的な考え方から、人間関係中心、あるいは他者中心の発想に変えていくことで、自分自身も幸せになれるという教えだ。

すでに第3章と第4章で取り上げたが、立正佼成会の場合は「法座《ほうざ》」といい、家庭で車座になって自分の悩みを語り、そこから抜け出していくための学びをすることがある。そこで教えられるのは、自己中心的な考え方や生き方を改めて、他者の意思や感情を尊重し、調和的な関係をつくっていくことだ。妻は夫に対して、欠点を非難するのではなく、いいところを認めて協力できるような方向に自分の気持ちを向ける。そうすると相手の気持ちも変わってくることを教えられる。そのことを慈悲や菩薩行、あるいは心を清める、誠を尊ぶといった。

心を変えると、運命が変わる。創価学会でいう人間革命だが、この世での自分の運命が変わることがそもそも救いであるという教えは、非常に現世主義的なものだ。辛いことがあっても、それが死後の世界で解決したり救いに至るのではなく、この世で生きていくことがより幸せな状態になるという考え方である。

†生命主義的救済観

宗教活動もこの世における家族生活、職業生活、地域社会の中で幸せを求める方向へ向かっていく。より幸せな生活になること自体が究極の目的としての「救済」である。その救済はしばしば生命の最大限の拡充であると捉えられる。

——神や仏を生命の根源と捉えて、根源と一体化することで生命の充実にあずかる。生命の根源と自己とのつながりが切れてしまうことが不幸の原因になる。発展する生命の拡充の中に自らコミットしていくことがいちばん大事なことである。生命の拡充は、教祖やリーダーを中心とした宗教団体の発展によって実感できる。あるいは社会生活全体がよくなっていき、自分もその中へ入っていくことで実感できる。——

こういう考え方は、生命主義的救済観としてまとめることができる（対馬路人・西山茂・島薗進・白水寛子「新宗教における生命主義的救済観」）。この世の生命と断絶した超越者（神・仏）がいると考えるのではなく、この世の生命の延長線上に超越者がいるという教えで、この世の人間や諸存在と超越者は連続的であり、超越者はしばしば宇宙大生命とよばれる。あるいは大自然と連続した神、大自然そのものが大いなる神であるという考えだ。

初期の新宗教を素材として第10章でも改めて述べるが、生命主義的救済観は万物が一体であり、万物である神がそのまま神であるという世界観といいかえることもできる。神道系であったり、仏教系であったり、修養道徳を強調する儒教的な考え方を引き継いでいる面もあるが、共通点としては生命主義的救済観といえる。別の角度から見れば、宗教だが、あまり死に関心がない。死後の世界についても、それほど強調していない。「霊界」などの語で死後の世界についてふれている場合でも、この世でよく生きることに力点がある教団が多いのだ。

†現世中心主義

伝統的な浄土教では、死後に往生し、そこで仏になる、死後に永遠の生命があると考える。キリスト教やイスラム教も同様だ。仏教の中には輪廻するこの世を超えた涅槃《ねはん》の世界に行くこと、現世離脱を理想とする志向もある。禅の修行も、この世から離れた所で究極的なものに近づいていくという考え方をもっている。それに対して、新宗教の教えは現世離脱的なもの、あるいはこの世を大きく超越した彼方の世界や境地を強調するものではない。

いくつかの教団では霊界を強調している。大本や霊友会がそうだ。霊界を想定することは、この世とは違う向こう側の世界があることになる。しかし、向こうの世界に行ってこそ永遠の命が得られる、究極の幸せに至れるというのではなく、霊界との関係をよく保つことによってこの世で幸せになることに力点が置かれている場合が多い。

死後の世界をまったく否定するわけではないが、この世とこの世の良き生にこそ強調点がある。霊界を信じる教団の場合でもその考え方が優勢だ。先祖供養が多くの団体に共通する実践だが、向こう側の死後の世界にいる先祖のあり方を究極の理想とするのではなく、先祖とよい関係を保ち、死後の世界や未来の子孫の世界とつながって、この世で人々と、また環境とよい関係をつくっていくことを重要視する発想といえる。

新宗教のこのような現世中心主義は、多くの教団が伝統仏教と対立関係をもとうとしなかったこととも関わりがある。信者に伝統仏教との二重帰属を認め、新宗教に入信しても伝統仏教の檀家をやめるようには勧めず、信者は人が死ぬと伝統仏教にのっとって儀礼を行える。これには親族や近隣の人たちとのトラブルを避ける面もあったと思われる。死に対処する状況では、伝統仏教に任せる。つまり、ふだんの信仰生活が死に向かっていない、死を強調する方向ではなかったことも大きく影響している。この時期の新宗教は、死についての儀礼を伝統仏教に委ね、葬式仏教との分業関係にあったとも捉えられる。

†信仰における道徳意識と生活

この世で人間関係をよりよくしていくために心を練る生き方は、実はそれほど新しいものではない。江戸時代の民衆も、そのような世界に親しみをもっていた。武士階級は儒教によって人間としての生き方を学んだ。民衆にもそのような意識はあり、よりよい生き方をすることで身を修め、自分が属している社会との関係を安定させ、ひいては社会の安定と幸福に貢献するという考え方だ。儒教の影響を受けながら、神道や仏教もそのような方向に向かってきた。

第8章でより詳しく述べるが、日常生活上の道徳を強調するさまざまな思想を、安丸良夫は「通俗道徳」（実践を動機づける民衆思想）とよんでいる（『日本の近代化と民衆思想』）。代表的なものに石田《いしだ》梅岩《ばいがん》（一六八五－一七四四）が始めた石門心学《せきもんしんがく》がある。江戸時代の後期になると、二宮尊徳《にのみやそんとく》の報徳《ほうとく》運動も現れる。こうした運動は、儒教の影響を受けながら神道的なものや仏教的なものを組み込んで、心なおしと生活改善にあたる活動を行っていた。日常生活で心を練りながらよい人間関係をつくっていき、倫理意識に導かれた生活改善をしていたのだ。明治以降になると、新宗教が大きな役割を果たすようになり、昭和の時代には、とくに新宗教と結びつく傾向が強まる。

新宗教は、実際に助け合いの関係をつくっていくことに結びついていった。江戸時代でいえば、農村の相互扶助や、町人が成功するためにつくられた商家の規律にあたる。さらに働き者の人たちは、農業経営や商工業で成功していく。マックス・ウェーバーの『プロテスタンティズムの倫理と資本主義の精神』に対応する日本版倫理運動といえよう。その中には浄土真宗を信仰する伊勢商人や近江商人、富山の薬売りが入っていた。この場合、宗教をベースにした心なおしが経済活動につながっていったのだ。

†近代家族を超えたつながり

政治学者の神島二郎が「第二のムラ」とよんだムラの作り直しという現象がある（『近代日本の精神構造』岩波書店、一九六一年）。相互扶助的なムラや拡大家族の関係が次第に機能しなくなっていき、自立を求められ、冷たい関係に耐える競争社会、格差社会になっていく中で、なんとか助け合いの関係をつくっていくことが求められる。それに応じて、新たな共同体が形成されていく。神島二郎は、典型的には同窓会や、同郷意識をもつ組織のような仲間的共同体を「第二のムラ」として挙げている。故郷の再建、故郷を離れながらも新たな故郷をつくっていく試みともいえる。それはまた、ナショナリズムの展開と照応し合ってもいる（成田龍一『「故郷」という物語――都市空間の歴史学』吉川弘文館、一九九八年）。

この過程を家族の方から見ていくと、核家族化が進むに従って、次第に家族が孤立してしまう場面が生じるようになる。近代家族は性別役割分業を特徴とし、女性が専業主婦や自営手伝いや低賃金被雇用者となることが多かったが、それらの女性がどのようなつながりを見出すことができるか。そこに女性が居場所を見出す第二のムラ的な共同性が形成されるが、それはどのような広がりをもっていただろうか。

いうまでもなく拡大家族や親族集団は家族を支える有力な共同性を提供した。また、さまざまな中間集団がその役割を果たす場合も多かった。地域社会の自治会・町内会やPTA、事業者の連合体や会社関係の連合体、政党や組合、技芸や趣味による仲間集団など、多様な集まりが形成され、ときに第二のムラのような相互扶助的性格を帯びることもあった。新宗教はそうした中間集団と相並ぶ有力な共同体であった。

都市住民が孤立することなく暮らしていく上で、新宗教が形づくる家族連携組織は大きな役割を果したと考えられる。都市住民が増加し、人々が新たな安定したつながりを求める心的傾向と新宗教の発展が歩調を合わせていた。男性は職場で安定的な関係をもつことで幸福な人生を感じることができたとすると、女性は新宗教の交わりの中に自らの位置を見出すことで幸福感を感じることが多かったのだ。

†新宗教とナショナリズム

新宗教の活動は、ナショナリズムとも大いに関係がある。お互いが助け合い、連帯していく姿勢が国民的連帯とも通じた。ナショナリズムの要素が含まれていることは、ほとんどの新宗教教団について確認できる。そもそも教派神道に属した神道系の教団が多いわけだが、これは日本の国土の神々に高い地位を付与する信仰形態である。奈良時代以来、仏教が優位にあり、神職よりも仏教僧侶が高い地位についていた日本の宗教集団の大勢に対して、日本の国土の神々が主神となるような運動が活発に展開した。黒住教、天理教、金光教、大本、ひとのみちなどはそうした動向を導いた宗教運動だった。

明治末期以降は、世界における日本国家の力を高く掲げようとする新宗教も増えていった。典型的には日本の国が世界の中で重要な位置を占め、人類・社会をよい方向へ牽引していくというヴィジョンとつながっている場合だ。神道系では大本や大本系の諸教団にその傾向が強い。仏教では新宗教に日蓮系の教団が圧倒的に多いことをナショナリズムと関連づけることができる。日蓮は蒙古襲来の時期に、日本を救うというヴィジョンを示した祖師であり、それゆえに明治期に宗派の枠を超えて人気が高まった。日蓮は「われ日本の柱とならん」と唱え、仏教が西から東へ、インドから中国、日本へと広まってきたのに対し、新たな仏教は東から西へ、つまり日本から世界へ広がるというヴィジョンを示しもした。創価学会でいうところの「広宣流布《こうせんるふ》」とは、そのようにして日本からこそ仏教が世界へ広まるという希望が託された言葉だ。

こうした新宗教のナショナリズムが国策とうまく重なり合う場合、「八紘一宇《はっこういちう》」という、日本を中心として世界を一体化するという思想につながることもある。海外侵略や戦争戦略と新宗教のこうした面がどう関わっていたかは難しいところだ。そういう面を強く唱えると弾圧に遭うこともあり、逆に反対することもまた弾圧につながる。実際に大本、天理本道《ほんみち》、ひとのみち、創価学会など多くの団体が弾圧を受けた。

弾圧の理由は必ずしも共通するものではないが、軍事的な国家体制の強化という点から見ると、新宗教団体は必ずしもその目的に合致しないと捉えられた。そのために弾圧される機会が多くあった。軍国主義・全体主義に向かっていく日本は、天皇崇敬の考え方を中心とする。新宗教の場合は、天皇よりも自らの信仰対象に重きを置く。そのことが軍国主義・全体主義から見ると逸脱にあたり、反抗であると受け止められた例がたびたび生じた。

だが、他方、新宗教は国民に安定感を与え、国家秩序を下支えする安全弁的な共同性として機能もしていた。これは伝統仏教教団が安定化に貢献しうる勢力とみなされたのと同様である。たとえば、労働争議が頻発するような状況においては、労使協調の考え方を広めるのに新宗教に期待されることもあった。支配層は労働運動や社会主義・共産主義運動に人々が向かわないようにするには、宗教団体が一定の機能を果たしうるという認識をもつことが多かった。

†戦後の新宗教と国際環境

第二次世界大戦を経て、戦後になると、それまでのナショナリズムの思想は豊かさと平和という二つの希望へと向かっていく。経済成長が大きな目標とされるようになった時代に、その大きな流れに乗って自分たちも幸せになることが目指された。その幸せが平和のおかげだと感じられることになる。社会の中で安定した地位をもつことと、平和を掲げて世界に貢献するという理念とは、戦後の多くの新宗教が共有するものだった。多くの新宗教が加盟して一九五一年に結成された新日本宗教団体連合会（新宗連）は、そうした希望を基盤としていた。

一方で、戦後まもない時期から続く冷戦の時代でもあり、第二次世界大戦の記憶が生々しい時代でもあった。戦争の危機を非常に強く意識していた時代といえる。さまざまな形で平和のための行動がなされ、核実験反対運動が大きく平和活動に貢献している。一九五四年にはビキニ環礁水爆実験により大量の放射線を浴びた第五福龍丸の事件が起き、雨が降ってくると頭が禿げるぞといわれたりした。中国の核実験やソ連の水爆実験などが次々と行われ、そのもとで五〇年代、六〇年代には日本の平和運動が大きく展開していく。

もちろんその間、朝鮮戦争やキューバ危機などもあり、いつ核戦争が起きるかわからないという危機感があった。核実験による被害は日常生活に及び、一方で広島・長崎の原爆の被害も長期にわたって続き、常に死に直面せざるをえない被爆者がおり、国民はそれを意識していた。やがて沖縄が日本に返還されると、人々は沖縄の人たちにもたらされた戦中戦後の苦難を強く認識するようになる。さらに、ベトナム戦争への日本の関与が深まり、沖縄はアメリカ軍の重要な拠点となっていった。

†新宗教の平和活動

そうした中で、平和を具体的な形で広めていくための社会活動や平和運動に関わっていくことが、宗教団体の活動にも世直し的な意味をもたせるようになる（ロバート・キサラ『宗教的平和思想の研究』）。そのような動きと連動して、創価学会の政治運動が起こり、ほかの団体もさまざまな形で政治に関わっていった。その中には労働組合と社会主義の力に期待する方向に力点があるものと、反共産主義の方向に力点があるものの両方が見られたが、宗教界では両陣営のどちらからも距離をとり、緊張緩和を求める平和運動が有力になっていく。

一九七〇年に世界宗教者平和会議（略称は初期はWCRPだったが、今はRfP＝Religion for Peace）が成立する。この時期には、国民的平和運動は収束に向かっていったとされている。そうした動きに対し、宗教団体は、むしろその時期から平和運動を国際的な連携へと進めていった。世界宗教者平和会議が特徴的な運動だといえる。その運動の中では、アジアの国々の連帯が追求され、戦争の罪を問い、戦争時代の日本による攻撃や侵略的行為を省みることも行われた（拙稿「総説　宗教の戦後体制―前進する主体、和合による平和」）。

他方では、反共の運動も一定の力をもっており、やがて宗教勢力が有力な支持基盤である右翼の政治団体、「日本会議」（一九九七年）が成立する。日本会議は「日本を守る会」（一九七四年設立）と「日本を守る国民会議」（一九八一年設立）が合同したものだが、「日本を守る会」は右派の宗教団体が主なメンバーで、そこには新宗教教団が多く含まれていた。日本会議に属している新宗教教団には、念法眞教《ねんぽうしんきょう》、佛所護念会教団《ぶつしょごねんかいきょうだん》、解脱会《げだつかい》、霊友会、キリストの幕屋《まくや》などがある。これらの教団は、平和主義的な考え方や共同行動に向かうことはなく、国防や天皇崇敬につながるようなテーマに強い関心を示してきている。

この違いは、戦争中にどれくらい国策と協力的な関係をもっていたかに起源がある。国策と距離をとっていたか、あるいは宗教理念の中に横の連携がどのくらい入っていたかが問題とされる。この横の連携は「水平的連帯」と捉えられる（拙稿「在家主義仏教と菩薩行の理念」）。多くの宗教に権威主義的なものが存在するが、権威主義と平等主義、平等主義とつながる水平的連帯、すべての人間は兄弟・姉妹だという平等主義につながる理念がどのくらい教団の中にあるかで分岐が生じてくると考えられる。

†教祖崇拝・指導者崇拝

権威主義とつながる要素として重要なのは、教祖崇拝や指導者崇拝だ（宗教社会学研究会編集委員会編『教祖とその周辺』）。その宗教の創始者である教祖、教祖を引き継ぐ教団全体の指導者や教祖に次ぐ地位をもつ指導者、あるいは教団の中の地域・教会・支部等の指導者が、救いをもたらす存在と信じられ、崇拝される例が多い。創価学会では第三代会長であり、のちに名誉会長としての時期が長かった池田大作に対する指導者崇拝が長く続いている。教理的には、「本仏《ほんぶつ》」である日蓮への崇拝が強いが、釈尊への信仰はあまり強調されない。しかし、信仰生活の上では、現に指導者である（はずの）池田名誉会長に対する崇拝がたいへん強い。

試みに一九九九年から二〇〇〇年にかけて刊行された、秋谷《あきや》栄之助編『旭日の創価学会70年』（第三文明社）という四巻本を見てみよう。『聖教新聞』に連載されたものをまとめたもので、編者は創価学会第七代会長である。その第一巻を見てみよう。第一章は「師弟不二の大前進譜《ふ》」と題されており、その冒頭は「弟子の誓《ちか》い」という見出しの下で以下のように書き始められている。

和泉最高指導会議議長　わが創価学会も、ついに来年は、創立七十周年を迎えることになった。

辻参議会議長　今日の大発展は、牧口先生の当時は、まったく考えもつかなかった。牧口先生も、戸田先生も、心から喜んでおられるでしょう。

秋谷会長　何といっても、池田先生の大功績は、我々は感謝しても感謝しきれません。ただ一人、嵐の中、陣頭《じんとう》に立って、あらゆる三障四魔《さんしょうしま》、三類の強敵《ごうてき》と敢然《かんぜん》と戦い、私たちを守り、大道を開いてくださいました。

谷川総合青年部長　池田先生の弟子として、私たちは立派に後継の大任を果たしたい。／池田先生こそ、御聖訓（日蓮大聖人の教え—原注）のままの「死身弘法《ししんぐほう》」「不惜身命《ふしゃくしんみょう》」の方であられた。門下一同、名誉ある弟子として、二十一世紀は、さらに大道を開き、進み、「創価の時代」を、必ずつくり上げる決心です。

佐藤青年部長　「青年の時代だ！」——これが、池田先生の死力を尽くした叫びだ。この言葉を断じて忘れてはならない。いな、行動と闘争の中に、この証明をしていく時代に、ついに入った。二十一世紀は、確かに我々の時代であることを忘れてはならない。

高柳婦人部長　また二十一世紀は「女性の時代」「女性の世紀」と、かねがね、池田先生は指標をくださっておられる。日本の社会も、また世界も、事実、「女性の世紀」に、大きい変遷、転換期を迎えていることは、誰人《だれびと》も納得し、痛感していることと思います。（一六―一八ページ）

創価学会の場合は、池田名誉会長への崇拝が目立つ。創価教育学会の初期には牧口常三郎初代会長を師として尊ぶメンバーが多かったと思うが、戦後、再建されてからの戸田城聖二代会長は在任期間が七年余りと短かったこともあり、崇拝対象としてはさほど目立たない。池田第三代会長は会長退任後も名誉会長として実質的な指導者として崇拝される時期が六〇年にも及び、その間に大教団として発展を遂げたこともあって、崇拝対象として際立つこととなった。

大本では「聖師」とよばれる出口王仁三郎《でぐちおにさぶろう》への尊崇が強い。霊友会の場合は、久保角太郎《くぼかくたろう》にしろ、小谷喜美《こたにきみ》にしろ、尊ばれる度合いがさほど強くない。これは一九三〇年代から四五年に至る時期に、指導者崇拝を掲げることが困難だったという事情が作用している。この時期は天皇こそが崇敬対象であり、それに対抗するような現存の宗教的指導者を崇拝することは弾圧の危険を招く可能性があった。ひとのみち教団の御木徳一《みきとくはる》はよい例である。逆に一九四五年以後は、戦時中、神聖天皇に向けられていた崇敬心を吸収するかのように教祖・指導者への崇拝が高まったとみることもできるだろう。

†教祖崇拝・指導者崇拝と自律・自立

新宗教には信仰をもつことによって、自尊・自律・自立へと向かう側面がある。個人として自分の信念にもとづいて生きていくことを促し、慣習・忖度によるしばりから自由になるという側面である。たとえば、貧しくて小学校にもまともに通うことができなかったという霊友会の小谷喜美は、戦後の早い時期に信徒らに向かって次のように述べている。

皆さま、自分というものをぜったい馬鹿にしてはいけません。合掌ができて、法華経の修行のできる者は、俺は世界一の幸せ者であるんだと、自分で自分の株をあげなければなりません。（久保継成編『小谷喜美抄　天の音楽』佛乃世界社、一九七二年、二六四ページ）

皆さん、私は背が低く、ひそかに背の高い人を私は立派だと思います。けれども、私は家が貧乏で食糧がなかったために、きっと育たなかったんじゃないかと思います。しかし、背は低くても、心は、私の心は普《あまね》く娑婆《しゃば》世界を救わせていただくという、そういう大きな菩提心《ぼだいしん》をもって、皆さんのような大勢の子供を産むことができた。(同、二六七ページ)

……この娑婆は自由旋回であるんだから、必ずこうしなさい、あゝしなさいと言うことは規則に無いんだ。自分が悟つて修行しようというようになったんだから、これからは必ず何時までもこの心をわすれないようにと、[久保角太郎先生に―島薗注]言われたことがあります。(小谷喜美口述、松本武一・大竹勇編『私の修行生活三十五年』霊友会教団、一九五八年、三二ページ)

久保角太郎の息子で小谷喜美に育てられた久保継成《つぐなり》も、小谷喜美が「他人になんか頼っちゃダメだよ。お父ちゃんは「法に依って人に依るな」って、そう言ったよ。法があるんだから、おまえ、心配することはないよ」、「「久保は独りだ」って、おまえのお父ちゃんはいつもそうおっしゃった」と語ったのを記憶している(久保継成『在家主義仏教のすすめ』いんなあとりっぷ社、一九七八年)。

こうした自尊・自律・自立鼓吹のエートスは、創価学会にも共通して見られる。だが、こうした側面は多くの場合、集団への一体化の勧めと結びついている。創価学会では師弟関係の意義が強調され、師への随順が促されることが少なくない。また、「異体同心」などの語によって、教団と同志が一致団結し、和合すべきこともさかんに説かれている。「民衆」の語が語られるときも、多数者の一致団結した行動の賞賛と結びつけて用いられることが少なくない。教祖崇拝・指導者崇拝が集団の団結による力の行使と結びつき、集団の目標の効率的達成を優先する組織体質を形成することにもなる（島薗進編著『何のための〈宗教〉か？』）。これは二〇世紀の国家や組織にしばしば見られる全体主義的傾向とあい通じるものだろう。

第8章 江戸時代に形づくられた発生基盤

†新宗教の発生基盤

あなたの宗教は何ですかと問われたとき、日本人の多くはなかなか答えられない。その中には新宗教に深く関わっているのに、それを人前ではいえないという人もかなりいるだろう。新宗教は社会的信用という点で弱みをもっているのだ。しかし、実際には新宗教は大きな力をもっている。政治的な面でも、現代の選挙において新宗教の信徒の支持を得ることはきわめて重要とされている。自民党においても公明党においても、また二〇一二年から二〇年に至る安倍晋三政権と関係が深かった日本会議においても、新宗教の支持は欠かせないものである。

宗教という言葉から受ける印象には、特殊な信念を強く抱く仲間で固まったり、人を欺いたり狂信的になったりする怪しげなものだという面と、他方では、なくてはならない優れた立派なものだ、人類の精神文化には宗教が伝えてきた大事なものがあるという面との両方がある。ところが、二つ目の人を導く優れたものとしての宗教という側面が反映されにくいのが新宗教の特徴なのだ。オウム真理教地下鉄サリン事件が起こった一九九五年頃からは「カルト」という言葉がよく使われるようになる。この場合の「カルト」とは、あやしい教えを掲げ、人を欺き、社会に害悪を及ぼすような宗教まがいの集団といった意味になる。この時期以降は、新宗教はカルトそのもの、あるいはカルトに近いものと受け取られがちになっている。

そうではない宗教というと、現代の教団としてはキリスト教諸教会であり、神社神道であり、仏教の中では伝統仏教が思い浮かぶ。日本にも、歴史的に奥行きが深くて尊敬すべき精神文化を伝えていると考えられている宗教はある。しかし、実際に現代の日本で力をもっているのは、「怪しげな」新宗教の方だと感じられているという状況がある。では、どうしてそうなったのだろうか。

新宗教の登場は、一九世紀のはじめくらいからだ。今、教団として存続している新宗教の元をたどると、早いものはそれくらいまでさかのぼる。では、その前に新宗教にあたるものがなかったかというと、そうともいえない。新宗教と新宗教以前は、はっきり区別しにくいのだ。伝統宗教から独立して組織をつくるところまでいっていないものの、ある程度、自律的な活動をし、民衆に身近な宗教の伝統があった。

伝統宗教の基盤をなしており、伝統宗教の組織には組み込まれず民衆自身が担い手となって営まれてきた宗教活動は長い歴史をもつ。近世末から近代になると、これらが独立して独自の教団組織をもつようになったとみることもできる。一般に近世から近代にかけて、民衆が自律性を強め、エリート層から独立して政治的・経済的・文化的な営みを行う傾向が強まってくる。

†民俗信仰としての講

宗教においてもその傾向が強まり、次第に自前の信仰体系を掲げる集団が増えていった。欧米の場合だと、そうした近世・近代の民衆的な信仰集団もほぼキリスト教の枠内のもので「セクト＝宗派、教派」とよばれる。日本の場合は、既存の仏教や神道、儒教やキリスト教の枠組みにはまらないものが多かった。これらが新宗教とよばれるようになる。

一九世紀のはじめから明治維新期のはじめに登場してきた新宗教団体がある。その一角を担うのは教派神道《きょうはしんとう》とよばれる教団群だ。明治時代に教派神道の一部として、独立した宗教教団として認められる天理教や金光教や黒住教があり、独立した教派にはならなかったが、宗教教団としての自立性をもっていたものには丸山教《まるやまきょう》や如来教《にょらいきょう》がある。丸山教は神道色が濃いが、如来教は仏教色が濃い。天理教は戦前は教派神道の一派だったが、戦後は神道の枠を超えた宗教として自己を位置づけており、文化庁が毎年刊行する『宗教年鑑』では「神道」、「仏教」、「キリスト教」以外の「諸教」のカテゴリーに位置づけられている。なお、ＰＬ教団や生長の家も「諸教」に位置づけられている。

以上に見てきたのは、主に神仏習合の系譜に属するもので、教派神道系の新宗教が多い。もう一つの太い流れは日蓮系の地域信徒集団や霊能者をめぐる集団に由来するものだ。だが、そのどちらも「講《こう》」とよばれる民衆による宗教集団と類縁性がある。

中世や近世にも、神仏習合や仏教の講というものがあった。特定の崇拝対象を尊ぶ人たちが集まって信仰活動を行うものだ。たとえば、太子講《たいしこう》という聖徳太子を尊崇する人々の集まりがあった。大工、左官、桶屋、畳屋などの職人が旧暦一月二一、二二日に集まり、父への孝行に励む頃の聖徳太子を描いた「孝養像《こうようぞう》」を掲げて祭祀を行い、飲食する。今も法隆寺は、聖徳太子の命日にちなむ三月二二—二四日のお会式に太子講の参詣者でにぎわう。こうした集団は、神道や仏教の教団には属していない民俗宗教に類別されることが多く、天神講《てんじんこう》、荒神講《こうじんこう》、山の神講、庚申講《こうしんこう》、日待講《ひまちこう》、念仏講、十九夜講《じゅうくやこう》などさまざまに存在してきた。

†講集団と新宗教の間

こうした講は地域の中でせいぜい何十人、ないしそれに相応するサイズの家族集団というぐらいでまとまり、全国的な組織にはなっていない。とはいえ、ある範囲の地域では同じ信仰をもつもの同士のつながりがあることもあり、それらが、礼拝対象を祀る宗教センター（参詣者が集まる寺社）と結びついている場合が多い。その場合、宗教センターへの参詣行動が重要な要素となっている。宗教センターとして有力なものには、たとえば成田山の新勝寺があり、江戸時代の後期に江戸では成田不動講が盛んになった。古いものでは、清水寺のような観音信仰の寺院や伏見稲荷や最上稲荷《さいじょう》（日蓮宗）、豊川《とよかわ》稲荷（曹洞宗）のような稲荷信仰の寺社、また山岳信仰の講も全国に展開しており、富士講、御嶽講《おんたけこう》、石鎚《いしづち》講、羽黒信仰や英彦山《ひこさん》信仰の講などはそれぞれの地域で有力なものだった。

同じ時代に金比羅《こんぴら》信仰も現れる。江戸時代に船乗りや商人などの信仰が活発になった。金毘羅信仰はクンビーラという水棲動物が神格化されたものといわれ、インドから伝わった信仰で、讃岐《さぬき》の象頭山《ぞうずさん》金比羅大権現を本拠とする。江戸時代に地域ごとに有力な講ができて、リーダーが組織して参詣する遠距離社寺参詣だ。弘法大師を信仰する大師講《だいしこう》も各地にあり、弘法大師ゆかりの寺院や四国遍路と結びついている。四国遍路は江戸時代に急速に発展したもので、庶民の遠隔参詣の有力な形態となった。四国八十八ヶ所の場合、どこにもセンターになる寺院はない。弘法大師信仰にもとづくが、高野山に参らなくても、八十八ヶ所の参詣で完結する。一度に八十八ヶ所を回るのはたいへんなので、一部を回ったり何回かに分けて回ったりする。

それに近いものとして、仏教の寺から独立して遠距離参詣するもので、講とも呼べないようなものもある。その一つが伊勢信仰で、伊勢には多くの者が向かったが、もとは必ずしも組織されているわけではないこともあった。そこに旅行業者のような御師《おし》が介在する。御師が参詣者を組織し、伊勢を訪れる者を募ったのだ。伊勢では、外宮《げくう》と内宮《ないくう》の間に古市《ふるいち》という町があり、各地から訪れた人々が飲食を楽しんだり、女郎を買ったりした。伊勢参詣には遊びの面が大きく、その魅力も加わって全国に広がっていった。そして、およそ六〇年に一度、天から伊勢のお札が降ってくるなどと信じて、参詣の大流行が起こり、これを「お蔭参り《かげまい》」とよんだ。無断で地域を離れることは許されない中であえてすることを「抜け参り」ともよんだ。

†通俗道徳と新宗教の間

以上のような仏教と神道の交錯領域からの信仰のほか、民衆が主体として生き方を学ぼうとする運動に第7章でもふれた石門心学《せきもんしんがく》がある。儒教、神道、仏教、道教などの要素を組み込んでいるが、儒教の影響がいちばん大きいもので、信仰運動というよりも修養道徳の運動といえる。江戸時代には修養道徳を学び合う庶民の仲間集団が広がっていった。そこでは読み書き算盤《そろばん》を教える寺子屋的機能をもちつつ、同時に儒教的な生活倫理の学びが重要な要素となった。

この石門心学を始めたのが石田梅岩《ばいがん》（一六八五―一七四四）で、一八世紀はじめのことだった。当初は京都の商人が中心だったが、その後、次第に関与する人々の階層も広がっていき、江戸時代の終わりにはかなりの数の人が加わるようになっていた。このように修養道徳を身につけようとする人々がさまざまな集まりをつくっていったが、歴史学者の安丸良夫はこれを「通俗道徳」の普及と関連づけて捉えようとした（『日本の近代化と民衆思想』）。

安丸によると、近世から近代初期にかけての日本の民衆は、勤勉・倹約・謙譲・孝行などの徳目に代表される「通俗道徳」の実践を通して自己鍛錬を行った。徳目自体は伝統的なものだが、階層分化に伴う生活危機の中で徳目の実践がつきつめられると、そこから伝統的なものを打ち破るような倫理的主体性の形成が行われる。働き者で人々の生き方の見本となるような人々が次々と生み出されていき、日本の近代化の基盤をつくったという。

この「通俗道徳」的主体形成の流れは、元禄・享保期《きょうほう》（一七〇〇年頃）の三都（京都・大坂・江戸）に始まり、近世後期に全国に広まり、明治二〇年代（一八九〇年頃）以降に底辺の民衆にまで及んでいった。これを導いた民衆思想には、石門心学の他、二宮尊徳の報徳運動、大原幽学《ゆうがく》や老農（中村直三《なおぞう》・石川理紀之助《りきのすけ》など）の農民運動の指導者、富士講などの民衆宗教、浄土真宗の教えを体得した民衆信仰者である妙好人《みょうこうにん》などが含まれるとした。

安丸良夫のいう通俗道徳の系譜から新宗教へと引き継がれるものがあることは、安丸自身が出口なおを例に挙げて論じている。安丸は、新宗教の基盤となる修養道徳的な、あるいは心なおし的な主体性を描き出したとみることができる。

†講集団から新宗教への展開

江戸時代に活発化した講の信仰活動や通俗道徳の系譜を引きながら、より強固な宗教集団をつくったのが初期の教派神道であり、また法華＝日蓮系の新宗教と捉えることができる。教派神道の中には、天理教や金光教や丸山教のように独立した教団に展開したものもあるが、富士講や御嶽講などは宗教団体として組織されず、新宗教になりきらずに存続して、次第に勢力を弱めて今日に至っている。稲荷信仰の講も教派神道に所属するようになったものが多い。教派神道の中の扶桑教《ふそうきょう》、実行教《じっこうきょう》、御嶽教《おんたけきょう》、神習教《しんしゅうきょう》、神道修成派《しんとうしゅうせいは》などは、これらの講集団が多数、所属したもので、各地域の講集団が所属しながら統一性が乏しかった。

新宗教にたいへん近いが、講集団にとどまった団体として富士講を見てみよう。富士講は江戸時代の初期までさかのぼることができる。江戸時代に江戸を中心に富士講が急速に発展していくが、それまでの富士信仰は修験道《しゆげんどう》が主体だった。山岳信仰の修験道は、役小角《えんのおづぬ》（伝六三四-七〇一）を開祖とし長い歴史をもつが、本山派と当山派の両派に分かれて発展し、それぞれ天台宗と真言宗に属している。天台宗は聖護院《しようごいん》、真言系は醍醐寺《だいごじ》三宝院《さんぼういん》が総本山になり、伝統的な宗派寺院が組織形態の基盤となっていた。江戸時代になると、修験者《しゆげんじや》（山伏《やまぶし》）の中には半分農民という人もかなりいて（里山伏《さとやまぶし》）、結婚もできるので、俗人と僧侶の間くらいの人々が宗教活動を行うのだが、それも本山を中心とした寺院組織の下に置かれていた。

修験道は神仏習合の代表的な信仰集団で、天台系・真言系の伝統仏教寺院に属しつつ、現世利益を求める民衆の信仰の中で大きな位置を占めていた。しかし、江戸時代にはだんだんその枠を超えるような宗教者が登場する。その中には吉田神道に属する（江戸時代に勢力を強めた神祇管領長上《じんぎかんれいちようじよう》、吉田家の権威を借りる）ものや組織化された講集団など、修験道以外の系統につく者が次第に増え、仏教教団の枠を脱していく。その中でも大きなものが富士講や御嶽講だった。これらが寺院の制約を受けない自立性の強い講を形成していく。

†新宗教の先駆形態としての富士講

富士講の初期の指導者に長谷川角行《かくぎょう》（一五四一―一六四六）がいる。角行は修験行者として修行を積んだが、修験道の祖である役行者《えんのぎょうじゃ》（役小角）のお告げを受けたとして、富士山麓の洞穴、「人穴《ひとあな》」で苦行を積み、独自の布教法を編み出す。呪符を配ることによる「フセギ」によって、江戸で流行した疫病を防ぐのに貢献し支持者を増やしたという。また、「御身抜《おみぬき》」という独特の意味を込めた三六〇の文字をつくり、そのいくつかを書いた本尊（曼荼羅）を広めた。

一八世紀の後半になると、江戸の富士講に食行身禄《じきぎょうみろく》（一六七一―一七三三）という人物が現れる。身禄は伊勢の商人で本名は伊藤伊兵衛、江戸に出てきて油売りなどをしていた。やがて、富士講を熱心に行うようになり、インスピレーションを受けて独自の教えを説くようになった。最後には富士山で入定《にゅうじょう》している。富士山の烏帽子岩《えぼしいわ》（現在の八合目）で瞑想をし、言葉を唱えながら死んでいき、それが世を救う行為と信じたのだ。世直しを祈願してなされる犠牲死の行だった。

このような食行身禄の信仰や行動は、のちの新宗教の教祖（たとえば、出口なおや出口王仁三郎や牧口常三郎）のそれと似ている。その後、食行身禄の娘、おはなが身禄を継いで信仰集団の中心になる。そもそも身禄という名前は弥勒菩薩を想起させる。弥勒仏は仏様が救いきれなかった人を救うために未来に現れる存在で、救世主的な意味があった。その名前を名乗ったリーダーが江戸に現れたわけで、多くの信仰者は教祖や救世主と同じような存在と信じたと思われる。

富士講はこうして修験道を統括する仏教寺院組織の枠組みを超えていった。しかし、このような信仰や行動は幕府から見ると危険な要素をもっており、富士講は活動が禁じられることもあった。富士講は新宗教の先駆形態と捉えることができる。富士講は富士山の見える範囲、関東や長野や静岡で盛行し、御嶽講《おんたけこう》は中部地方から関西に近い地域で広がっていた。こうした信仰は各地に見られ、四国には石鎚講《いしづちこう》があった。御嶽講や石鎚講では、農民の熱心な信者が神がかり、お告げをするような場合もあった。こうした信仰形態から幕末期以降、新宗教に展開していくものもある。金光教は石鎚講に大きな影響を受けており、富士講からは丸山教《まるやまきょう》が出ている。明治期以降、講集団を傘下に収めた扶桑教、実行教、御嶽教などの教派神道教団は、新宗教と隣り合わせの宗教組織だった。

丸山教は登戸《のぼりと》（現在、川崎市）の農民だった伊藤六郎兵衛《ろくろべえ》（一八二九–九四）が新しい教団へと発展させたものだ。富士の神様は浅間《せんげん》大菩薩といい浅間神社があるが、富士講ではその神様を「おおもとの父母」とよび、御身抜にその神名が特別の文字で書かれる。この神名も幕末維新期に発生した天理教や金光教などの新宗教が、主神を「親神《おやがみ》」とよんだのと似ている。伊藤六郎兵衛は明治維新の変革期の危機意識の中で、かつて食行身禄がしたように、世の救いのための修行を重ねていった。丸山教の信徒集団は、富士講の信仰をさらに世直し的な方向へと展開した時期があった(安丸良夫『日本近代化と民衆思想』)。

†人々の心を救う宗教

新宗教が登場してきたのは、江戸時代末から明治時代に入る幕末維新の時期、あるいは一九世紀のはじめからとされている。ここでどのような変化が起こったのだろうか。従来、人間が抱える弱さや限界を強調し、救いを説く宗教は仏教だった。そこに、新たに神道的な神を掲げて救済を説く信仰が広がっていった。代表的なものが富士講、御嶽講、稲荷信仰である。これらにはシャーマン的な民衆の宗教的指導者がいて、そういった地域の霊的指導者に従うグループができてくる。これが新たな形の講である。

稲荷信仰が稲荷行者をめぐる信者集団によって担われるようになるのも新しい形だった。行者には女性が多い(アンヌ・ブッシイ『神と人のはざまに生きる』、拙稿「稲荷信仰の近代」)。病気なおしをしたり、人生のさまざまな苦しみに対する神様からの答えを得たりする。また、滝行をしたり、山に登ったり、神道であっても、お経をあげたりして救いを得ていく。その中には新しい教義が数多く入っている。明治時代になると、こうした講集団が扶桑教、実行教、御嶽講などの傘下に入っていく。神道修成派や神習教や神理教《しんりきょう》や神道大教《しんとうたいきょう》など、教派神道一三派のうちの多くは、このような地域根生《ねお》いの多様な信仰集団が寄り集まった組織だった。

それとは別に、江戸時代の終わり頃に出てきた、指導者がある程度まとまった教義を個人的にまとめていって、それが元になって宗教団体が成立したケースもある。このパターンの早いものが黒住教（一八一五年）で、続いて、禊教《みそぎ》、天理教（一八三〇年代）、金光教（一八五〇年代）がある。富士信仰の中から出てきた丸山教もこのグループに入る。これはもとは扶桑教に所属していた。これらは新たな教祖の信仰を掲げる教派神道の中の一団になる。

禊教の教祖、井上正鐵《まさかね》（一七九〇‐一八四九）のように、幕府に捕らえられて三宅島に島流しにされた人もいる。天理教や金光教も抑圧を経験するが（とくに天理教は厳しい取り締まりを受けた）、なんとか生き延びて教派神道として公認されるところまで展開した。金光教、禊教、天理教の場合、神道ではあるが、かなり一神教的だ。日本の神々の信仰が基盤だが、キリスト教やイスラームのような一神教や仏教と同様、救いの神といえる。

†黒住宗忠と黒住教

黒住教《くろずみきょう》は教派神道の一派として公認されたのも早く、幕末にはすでに一定の勢力を築いていた教団であり、一定規模以上の新宗教としてはもっとも早く発展したものである。教祖の黒住宗忠《むねただ》（一七八〇－一八五〇）は、天照大神、八幡大神、春日大神を祀る岡山市の今村宮という神社の神職の家に生まれた。数え年で三三歳のとき、流行病で両親を失い、心痛に苦しむうち翌年には自らも結核を病み死を覚悟する。そして、一八一四年の旧暦で一一月一一日の冬至の日、朝日に祈りを捧げているとき天照大御神と一体となる「天命直授《てんめいじきじゅ》」の体験をし、その後、病から回復していった。

この体験を踏まえて立教された黒住教では、朝日を礼拝する「日拝《にっぱい》」がもっとも重要な信仰実践となっている。万物を生み出す親神＝天照大神が朝日に顕現するのを感じ取り、親神に感謝を捧げるのが日拝の趣旨である。それはまた、太陽の気を下腹におさめるように、気を養う「御陽気修行」ともつながっている。

また、「日々家内心得之事」七ケ条にそって、あるべき道から逸脱することのない生活を送ろうとする。

一、神国の人に生れ常に信心なき事
一、腹を立て物を苦にする事
一、己がまんしんにて人を見下す事
一、人の悪を見て己に悪心をます事
一、無病の時家業怠りの事
一、誠のみちに入ながら心に誠なき事
一、日々有り難き事を取外す事

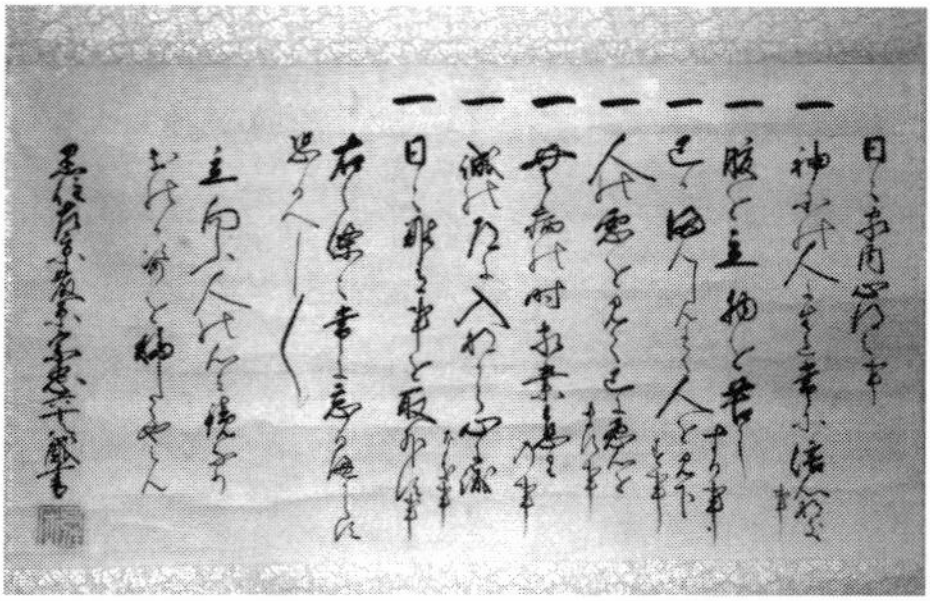

黒住宗忠自筆の「日々家内心得之事」七ケ条（黒住教提供）

この「日々家内心得之事」には、心なおしや修養道徳に通じる側面がよく表れており、日拝で願われている癒しの信仰との両面が黒住教の信仰世界を形づくっていることがよくうかがわれる。

†宗教集団の抑圧と新たな宗教勢力の発展

このような団体が明治時代になって宗教団体あるいは修養団体となって、組織的な形態をもつようになっていく。どうしてこのようなことが起こったのか。それは、そもそも神仏習合のような伝統的宗教団体、つまり支配的な宗教団体から見ると枠にはまりきらない周縁的な集団が多かったからだ。

修験道の成立は古代にまでさかのぼる。開祖とされる役行者《えんのぎょうじゃ》のしばらくあとには、修験道ではないが、民衆布教で人々の支持を得た行基《ぎょうき》（六六八－七四九）が活躍する。行基は公的に認められた寺院組織の外で民衆救済に努めたため、一時は警戒の対象となった。ところが、大仏建立に際して行基の力を借りることが求められる。晩年の行基は僧侶としての最高位につき、鎮護国家に貢献することとなる。

役行者や行基は衆生《しゅじょう》の救済に貢献した菩薩《ぼさつ》の自覚をもった行者《ぎょうじゃ》である。そこが新宗教のもともとの基点になっているともいえる。世界の宗教史でも、古くから民衆救済の運動が展開したことがあったが、それが長期的に宗教団体として存続していくことはあまりない。多くは弾圧され消滅するか、主流の宗教教団の配下に取り込まれている。ところが、東アジアでは民衆の宗教運動が主流教団のコントロールに服さずに、独自の展開をたどることが古くからあり、日本では近世近代になって増加した。西洋ではアメリカ合衆国などで例外的に生じた事態だ。

主流教団のコントロールがきかないかわりに、民衆の信仰集団が組織性を強めていく。

日本の場合、まずは民衆が講《こう》という形をとって一定の組織性をもつようになり、修験道と争ったりすることもたびたび起こる。なぜ、このような展開をたどったのか。日本の近世におけるキリシタンの存在が及ぼした影響を省みる必要がある。キリスト教は一六世紀に日本にもたらされたのち、しばらくは許容されたが、豊臣秀吉から徳川家康に至る天下統一の過程で抑圧され、島原の乱を経て江戸幕府により厳しく禁圧された。そこで、宗門改め制が行われ、すべての住民が仏教寺院に所属することを強いられた。

これは伝統仏教諸派にとって勢力拡張の好機でもあったが、他方、新たな寺院の創建が禁じられ、もちろん新しい運動や宗派を起こすこともできなくなった。江戸時代の宗教統制の中で、伝統教団が新たに民衆布教をする基盤が弱体化されたのだ。新たな活動を目指す者は、当然、伝統仏教の枠からはみ出ることになる（鶴藤幾太『教派神道の研究』、家永三郎他監修『日本佛教史Ⅲ　近世・近代篇』）。こうして、幕府のコントロールがきかないところでさまざまな宗教活動が広がるという現象が起きた。これまで見てきた講集団や通俗道徳の運動をそのようなものと捉えることができる。

†新宗教や講集団を利用しようとした明治政府

明治時代になっても、新政府は宗教統制を行おうとするが、なかなかうまくいかない。

またしても流入が恐れられるキリスト教に対抗するために、尊皇や万世一系《ばんせいいっけい》の国体や祭政一致の理念にそった宗教の展開を目指す。ところが、それは簡単には実現しないことにすぐに気づくことになる。それよりは、むしろ政府から見て現状以上に危ないものにならないように睨みをきかせながら利用していくという方策をとった。

教派神道《きょうはしんとう》はそのような意図のもとで制度化されたものだ。新宗教や民衆の講集団を、伝統仏教に並び立つ制度化された宗教の枠内に取り込もうとして、尊皇や万世一系の国体や祭政一致の体制を下支えする役割を期待したのだ。だが、実際には新宗教や民衆の講集団がそれに従うとは限らない。そこで、さまざまな圧力を加えることにもなった。明治期にもっとも厳しく統制されたのは天理教だが、やがて大本が大きな統制対象として浮上してくる。日蓮系の新宗教や政治運動も重要な統制対象となってくる。

日本の宗教統制は、古代以来、統制しきれないものを適宜利用していく体制がとられてきた。その中で民衆を基盤にした宗教団体や、強く組織されていない宗教団体が人々の間に広がる傾向が強かった。宗教が民衆基盤のものになりやすい傾向があったということができる。キリスト教圏であれば、正しい教えからはずれる宗教は排除されてきた。とりわけ一一世紀以降、厳しい異端審問があり、一五世紀以降には民衆が主体となる魔女狩りも広まっていった。こうして、ヨーロッパ大陸では正統キリスト教以外の宗教が生じにくくなるような事態が生じた。宗派の信教の自由が尊ばれたアメリカ合衆国では多様な宗派が並びたつようになったが、これは例外的だった。

東アジアでもたびたび仏教弾圧は行われたが、統制しきれないものは支配者が利用しながら、はみ出すものは取り締まるというような体制が支配的だったといえる。富士講が新宗教になりきれなかったのは、江戸幕府による統制が厳しかったからだ。多くの民衆が帰依《きえ》し、大きな勢力をもちそうになると、取り締まりが行われた。たとえば、ほぼ教祖といってよい存在であった食行身禄《じきぎょうみろく》の頃の富士講は、女人禁制を否定して女性行者も活動できるような信仰集団になっていった。それは従来あるべきとされた家族の理念を尊ぶ、儒家意識の強い支配層にとっては危うい存在と見えたに違いない。

†信用度の低い新宗教が根強い日本とは?

宗教史を広く見渡すと、江戸時代には仏教が国教的な一面をもっていたものの、その権威は次第に弱まっていった。民衆は檀家《だんか》制度によって一様に仏教寺院に所属しなければならなかったが、多くの民衆は講集団などを通じて伝統仏教の枠を超える活動に向かっていった。一方で、武士階級は次第に儒教に影響されていくが、儒教を学ぶ知識層はやがて仏教に対して批判的になっていく。さらにそこに神道の教えが入ってくる。当時の日本人の一割足らずではあるが、支配的階層だった武士が、時代を追うにつれて仏教離れをし、儒教にもとづいて国を治めるという意識を強めていった。

さらに明治時代になると、政府は神道に期待をかけることになる。ところが、明治のはじめの段階でいえば、民衆の中に神道の基盤はほとんどない。国家体制は整えたものの、神道と一体であるはずの天皇に対する国民の崇敬はそれまでほとんど浸透していなかった。当時は、多様な信仰が並存せざるをえない形になっていた。その中で民衆に基盤がある神道色の強い宗教団体を国家側に取り込もうとして、教派神道の公認が進められたのだった。

この章の冒頭に投げかけた問いに帰ろう。日本人は精神文化の多くを新宗教に負っている。だが、新宗教は今もなお、十分な社会的信用を得られない宗教勢力であり続けている。だから、自分が新宗教に属していることを他者に表明しにくいのだ。それはなぜか。

体制側の枠組みをはみ出るような民衆主体の宗教集団は、日本の宗教史に根強く存在してきた。奈良時代に民衆の支持を得て一時は禁圧されたが、大仏建立のときに登用されて「大僧正」の地位につくまでになった行基の例を思い出してもよいだろう。民間の宗教勢力がいつしか無視できぬ勢力をもつようになると、政府も支配層も知識層もその存在を容認し、しばしばその力に頼らざるをえない。これは世界的にあることだが、日本の宗教史では、江戸時代以後、キリシタン禁圧の結果、逆説的にこのような構造が温存されてきた。

近代においてはそれが新宗教という形をとり、やがてかなり大きな勢力をもつ状況を形づくってきた。創価学会を支持母体とする公明党や新宗教教団が有力な支持基盤の一角をなす日本会議が大きな影響力をもつ今もそれは続いている。

第9章　明治維新期の新宗教の展開

幕末維新期から明治中期にかけて教団の基盤ができた新宗教を見ていこう。まずは教派《きょうは》神道《しんとう》の中の代表的な新宗教教団、金光教《こんこうきょう》と天理教《てんりきょう》について述べよう。どちらも農民が自己自身と家族の苦難の中から救いの信仰に至り、教団が形成されていったものだ。

†金光大神と金光教

金光教の教祖（一八一四－八三）はのちに金光大神《こんこうだいじん》という神名でよばれるようになるが、岡山県の倉敷市の西に位置する大谷村の香取《かんどり》家の次男として生まれ、幼少期は香取源七《げんしち》という名だった。一二歳のときに川手《かわて》家に養子に入り川手文治郎《ぶんじろう》と名乗り、さらに家督相続のとき、川手家の先祖である赤沢《あかざわ》に改姓し、赤沢文治《ぶんじ》と名乗った。

家督相続の前後から、義父、義弟、長男、長女、次男が病死した。働き者で家の建て増しなども積極的に進めてきた赤沢文治だったが、日柄《ひがら》方角をよく調べ普請をしたものの、金神《こんじん》の祟りではないか、それとも何か別の原因かと思い悩むことになる。そして、四二歳のときに大病に苦しむが、祈禱してくれた石鎚講《いしづちこう》の先達《せんだつ》の義弟にかかった神が、文治の咎《とが》ではない、文治の信心を神はしっかり受け止めていると語る。この体験を通して、文治は救いの神が存在するという信仰に目覚めていく。

その後、実弟の香取繁右衛門が金神を救いの神として信奉しているのに共鳴し、救いの神を金神と同一化していく。最終的に救いの神は天地金乃神《てんちかねのかみ》とよばれるようになる。天と地の「地の神」という側面に力点があり、それは金神の信仰とも重なりあっている。こうして信仰が固められるにつれて、「取次《とりつぎ》」という信仰活動が定着していく。「広前《ひろまえ》」とよばれる屋内の神前の空間の「結界《けっかい》」右手に教祖が坐し、左の耳の側から信徒の悩みや願いを聞き、それを目の前の机で書き記し、右の耳の側に祀られている神の応答と教えを聞いて信徒に「ご理解」を伝えるというやりとりだ。この「結界取次」が金光教の救いの信仰の活動の核となる。

四六歳の一八五九年には、農業をやめ、取次に専念するようにとの神の「お知《し》らせ」を受け、以後、もっぱら神前での取次を続けていくようになる。やがて弟子たちにも「出社《でやしろ》」を開いて結界取次を行うことを認めるようになる。自らの神名を「生神金光大神《いきがみこんこうだいじん》」とするのは、五五歳のときである。

出社は次第に各地へ広がっていき、教派神道の教会としての組織化が可能になり、さらに一九〇〇年に独立した教派として公認されると、各地の「教会」として組織化されていく。

六〇歳の一八七三年には、「生神金光大神《いきがみこんこうだいじん》天地《てんち》金乃神《かねのかみ》一心に願《ねがえ》おかげは和賀心《わがこころ》にあり、今月今日でたのめい」と書いた「天地書附《てんちかきつけ》」という礼拝対象が定められる。ここに書かれたことが信仰の核心を示すものともなっていく。金光大神が自らの一生を振り返り、自らと神との関わりをたどり直そうとした『金光大神覚』、信徒らが書き留めた金光大神の言葉をまとめた『金光大神理解』などが教典として尊ばれるようになる。

†取次による生き方の転換

金光教は早い段階で中国地方から関西と九州へと教勢を拡大していき、中部以東への広がりはやや遅れる。九州での教勢拡大に貢献した人物に桂松平《かつらまつへい》（一八五五－一九一六）がいる。桂は現在の山口県柳井市《やないし》で家業の材木卸問屋を営んでいたが、幕末維新期の変動でたばこ卸商に転職し、九州各地を行商していた。腹に持病があったところ、知人が金光大神のもとへ参拝することを勧めた。金光大神のもとを訪れ、広前《ひろまえ》の片隅で小さくなっていると、金光大神から「周防《すおう》の方、遠方をよくお参りでした」と声がかかった。松平が驚いていると、金光大神が神前に進み、取次《とりつぎ》となった。「氏子、水が毒、水が毒というが、水を毒と思うな。水は薬という気になれ。水を薬という気になれば、腹の病はさせない。水の恩を知れよ」との神のお知らせが下ったという（金光教本部教庁『金光大神』金光教本部教庁、二〇〇三年、三七七ページ）。

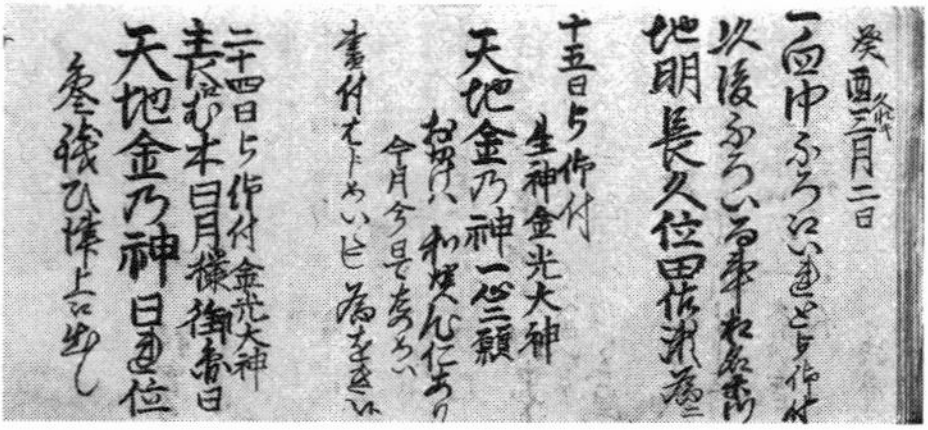

金光大神の「お知らせ事覚帳」（一部、金光教提供）

このような「お知らせ」や「ご理解」とよぶ教えが、信徒の生き方を変えていくための指標となっていく。教祖の教えの言葉を集約した『金光教祖御理解』には、たとえば次のような教えが記されている。

> 眼には見えぬが、神の中を分けて通りおるようなものじゃ。畑で肥をかけておろうが、道を歩いておろうが、天地金乃神の広前は世界中であるぞ。
>
> 信心する者は、木の切株に腰を下して休んでも、立つ時には礼を云う心持になれよ。（『金光教祖御理解』金光教本部、大正二年、『日本思想体系67　民衆宗教の思想』岩波書店、一九七一年、第三十一節）

金光教ではよく「おかげ」という言葉が用いられる。「人間が生きているのは、そもそも天地そのものでもあるところの神のおかげである。そのことを心によくとどめて感謝とともに生きることがおかげであり、幸福のもとである」という教えの核心がよく伝わる「御理解」である。

†天理教の誕生と展開

天理教は一神教的な性格がとくに強い。教祖、中山みき（一七九八―一八八七）は大和盆地の豊かな前川家という農家に生まれた。大庄屋というような地域の中心になる家だった。これも比較的豊かな中山家という農家に一三歳で嫁ぐが、夫との仲は必ずしも良好でなく、子供たちの死という悲劇にもあった。農業の柱である一人息子が足の病に罹り、修験道に関わるようになる。当時、内山永久寺という大きな寺があり、そこに所属する市兵衛という山伏に祈禱をしてもらうようになった。

一年後、そのときに神降ろしをするが、「憑《よ》り祈禱《ぎとう》」（寄加持《よせかじ》）といって男の修験者が女性の修験者に神を降ろす。その降ろされる側のことを加持台《かじだい》という。その日は、たまたま普段はその役割をする女性がいなかったために中山みきがその役を担った。そのとき、中山みきに天下った神が「我は元の神、実の神である。この世を救うために天下った」と、山伏が予想もしなかったことをいった。それが天保九年（一八三八年）一〇月二六日のことだった。

山伏の統御できる信仰領域からはずれてしまった中山みきは、長期にわたる苦難の生活と神との対話の時期を経て、「天の将軍、普通の神とは違う偉大な神であり、人々を救う」と語りはじめる。この神の「たすけ（救済）」を信じる中山みきが、やがて周辺の女性や、病気で苦しむ人、お産の心配がある人などに癒《いや》しの所作を伴った祈りを授けるようになる。「貧に落ちきる」生活も経験したことが力ともなり、助けられたと信じる人たちの集団ができていった。

やがて中山みきは、「みかぐらうた（御神楽歌）」という、踊りのついた祈りの歌をつくる。これが天理教のもっとも重要な儀礼である「おつとめ」になった。すべての信徒が朝晩に行ったり、記念日の祭典に行ったりする祈りだ。朝晩に行われる祈りでは、坐ったままメロディのついた歌で「手踊り」をする。月に一回の各教会の月次祭《つきなみさい》の折には、『みかぐらうた』の全体（十二下り）を、数人が衣装を着け扇をもつなどして、立って踊る。

こうして、新しい祈りの形が広がっていく。その祈りの言葉に含まれる教えにそって、「貸しもの借りもの」という教えが説かれるようになる。「からだは神様から借りているもの、神様から貸していただいているものだ。だが心は人間のもので、これを誤って使うと心のほこりがたまる。これがからだに影響を及ぼして病気の元になるし、苦しみの元になる。人生の悩み、迷いの元になる。このほこりを払うことで、人といのちの源である神とが一体となり救いになる」というものだ。

「あしきをはろうて　たすけたまえ　てんりおうのみこと」と二一回唱えるのが、朝晩のお勤めの基本となる。これに続いて『みかぐらうた』があり、祭典ではこれをすべて踊りをつけて歌う。心のほこりは八つあるという。「惜しい、欲しい、憎い、かわいい、恨み、腹立ち、欲、高慢」。これを儀礼や日常生活の中で清めていくことが求められる。さらに、「おさづけ」という、祈りの言葉を唱えながら身体を撫でることで病気をなおす儀礼がある。これを用いて人々の苦難を助けることが「ようぼく（用木＝信徒）」の使命とされている。

†天理教の教義の変遷

その後、一八六九年（明治二年）から一五年くらいかかって教義のもとになる『おふでさき』ができていく。中山みき自身が神の言葉をすべてひらかなで書いたものだ。これが、その後、主要な経典になっていった。その中に「元始《もとはじ》まり」の話と呼ばれる世界の始まり、人間の始まりを語る神話が含まれている。別に『こふき』（古記）とよばれる文書も試作されたが、決定版の作成には至らなかった。この人間創造の神話は、初期の信者たちには『泥海古記』とよばれていた。

そこでは、「この世の元始まりは泥の海。神というは月日両神居るばかり。人間もなく世界もなし。月様というは国常立尊《くにとこたちのみこと》という神にて日様というは面足尊《おもたるのみこと》という神なり。月様は日様に向いご相談せらるるには」とあり、男女の月日の神が、イザナミ、イザナギの男女の神を仕えさせ、さらに八つの神と合わせて一〇の神を使って人間をつくったと語られている。

その一〇の神は人間の身体のさまざまな働きを司っている。それと同時に、宇宙と世界のさまざまな現象を司る。たとえば、暖かさを司る温み。月、水。太陽と関係があるのは火だ。そして皮、骨など、多岐にわたる事象に対応するさまざまな神がいる。それから水生動物にも関わっている。亀もいるし、魚も蛇もいる。このような世界の自然現象を司りながら、人間をつくっていくという物語だ。つくった場所は、「ぢば」と呼ばれる中山家のあった場所とされ、人類の始まりの場所とされている。世界の始まりでありながら、人間をつくることがいちばんの主軸になっている。

『古事記』や『日本書紀』の神話に出てくる神々と、神の名前は似ているが、大きな違いがある。記紀神話は国土をつくる、そしてそこに支配者が天下りするという話が中心だが、天理教の神話は、人間が生み出される話だ。その神は「元の神実の神」、「月日」、「親神」とよばれたり、「天理王命《てんりおうのみこと》」とよばれたり、「十柱の神」とよばれる。

一神教だが、二神でもあり、一〇神でもある。それらが統合されて宇宙全体が一つの神の表れだと信じられている。世界がさまざまな神の働きによって成り立っているわけだから、神の中に人間が住んでいると同時に、人間の身体が、また神によるさまざまな働きによって構成されているミクロコスモスとして表象される。

その人間の身体を使って、ほこりを積んでしまうような生き方をするのではなく、ほこりを払って清らかに生きていくと、健康に人間らしく明るく「陽気《ようき》ぐらし」ができるようになるのだという。「神が人間をつくったのは「陽気ぐらし」をしている人間を見てともに楽しみたいからだ。だから、陽気ぐらしを目標とせよ」と説く。人類は長い時間をかけ、何回も生まれ変わった末に三寸ほどの大きさから、さまざまな動物に何千回と生まれ変わり、猿になって、その後、人間になったとされている。

†甘露台ができる未来に向けて

その間にさまざまな知恵を身につけ、ようやくこれから人類は「陽気ぐらし」ができる段階にまで来た。「陽気ぐらし」ができるには「甘露台《かんろだい》」ができるようにならなければならず、「甘露台」の「ひながた」ができて四方から礼拝される神殿の中央に置かれてはいるが、本物の甘露台は未来にできるはずのものだ。

「甘露台」というのは天から降ってくる甘露を受け取る六角形で二メートル半ほどの高さの石造の台で、これを飲むと健康に長生きできるというものだ。人間に与えられた寿命は、本来一一五歳。甘露をいただくとそこまで生きられるようになるという。現在は四方から礼拝できるようになっている天理教本部神殿の中央に、木造の甘露台のひながたが置かれている。毎月の教会本部の月次祭《つきなみさい》の折には、教団幹部男女が仮面と衣装を着け、この甘露台のひながたを囲んで神楽《かぐら》づとめが行われる。世の始まりの神話的な再現である。

その「甘露台」ができるようになるためには、人々が「心の成人」をしなければならないという。「信徒が心の成人をし、それを広めていくことで人類の心の成人が進み、やがて天から甘露台が降ってくる。そのような時代が来る。安らかな平和な世界が来る」、このように説いているのだ。ただ、他の箇所では、第4章で述べたように、「高山」が思うままに支配する時代ではなく、「谷底」が尊ばれる世が来る、そうした世の転換があるとしてもいる。ここには神の意思が実現する理想的な世界を待望するという点で、世直し的な側面が表に出ている。

しかし、このような教義が修験者や仏教者から疎まれ、神社関係者や警察からも怪しまれ、中山みきは何度も捕らえられた。その間に弟子たちが増えていき、「においがけ」とよばれる布教を進め、天理教は教祖の生存中にすでに全国に広がり、大きな宗教教団に発展する。しかし、なかなか教派神道の中で独立した教派にはなれなかった。国家や警察からも既成宗教からもさまざまな抑圧を被った。ようやく公認されたのは一九〇七年だが、その過程で教義を変更しなくてはならなかった。記紀神話に近づいた、国家神道的な要素を取り込んだ教義に変えた教典をつくることで、かろうじて公認されたのである。

天理教は政府や地域社会や既成宗教からの圧迫を避けるために、世直し的な教えの側面を抑制せざるをえなかった。のちに信徒の中から世直し的な側面を強調し、自らが「甘露台《かんろだい》」であって、天皇にかわる指導者なのだと唱える集団も生まれてくる。大西愛治郎《おおにしあいじろう》（一八八一―一九五八）が救世主として尊崇された「ほんみち」という教団で、一九二八年と一九三六年に厳しい取り締まりを受けている（ほんみち不敬事件）。大西は「甘露台」は人として現れ世を救うのだと信じ、自らが「甘露台」であると信じたのである（村上重良『ほんみち不敬事件――天皇制と対決した民衆宗教』）。ほんみち教団は今も存続しているが、世直し的な側面は後退している。しかし、天理教が潜在的にはらんでいた世直し的な側面を目に見える形で表した運動として宗教史的な意味は大きい。

†新宗教と国家神道の軋轢

天理教の教祖は女性だったが、黒住教、禊教《みそぎきょう》、金光教、あるいは丸山教は男性の教祖だった。学問的知識などはあまりないけれども、人の心をよく理解し共感し、その悩みを解く教えをわかりやすく説いて人々を導いた。それによって賛同する人々が増大していったのだ。黒住教が成立したのは一八一五年だが、この頃から新宗教が成立する条件が整い、明治時代の終わりになると、上記の諸教団はいずれもかなりの影響力をもつ集団となった。

これらの勢力が現れてきた理由の一つは、民衆の宗教世界の中で修験道が抑圧されたことにある。修験道は神仏習合の一つで、神がかり的な要素をもち、あるいは修行の要素が入って、難しい教義よりも病気なおしや心なおしの教えに共鳴する信徒たちが従っていた。明治時代の初期に、神仏分離や修験道廃止の国策によって、多くの山伏たちが信仰活動をできなくなっていった。これにとってかわるかのように、新宗教が発展していったのだ。ということは、人々の信仰のある面が、神仏習合的な民俗宗教の世界から教派神道へ展開したといえる。神仏習合の修験道と講集団から習合神道系の新宗教への流れとみることもできる。このような変化は、民衆の精神文化の江戸から明治への転換の流れの中で展開していった（島薗他『民衆宗教論』所収の島薗の諸論考、参照）。

教派神道は神仏習合の民俗宗教が神道化する中で、新たに生まれた新宗教が重要な一角を占めている。日本の霊威神の信仰がもっていた救いの教えや実践の側面が、独立した救済宗教として実を結んでいく。これが幕末から明治に起こったことだ。すでに見てきたように、この流れからやがて大本が出てきて、さらに世界救世教と生長の家が分かれていくことになる。また、大本に少し遅れてひとのみち教団も組織される。このあたりが習合神道系の新宗教で、昭和前期には新宗教の半分以上、あるいは三分の二を占めるくらいの力をもっていた。こうした教団は、国家神道とは独立していた。つまり、学校や軍隊で教えられた国体論と一体の神聖天皇崇拝、また皇室の祖神である伊勢神宮を中心とした神社神道とは異なるものだった。これらは国家神道としばしば対立し、妥協を余儀なくされた。

代表的なものは大本で、二度の大きな弾圧を受けたことはすでに述べた。二度目の弾圧後、戦争中はほぼ壊滅状態に陥っていた。黒住教、天理教、金光教は、ある程度妥協して戦時中も生き延び、最大の勢力をもっていたのは大正から昭和の中期の時期で、戦後も大きな教勢を維持していた。天理教はもっとも信徒の多いときは、誇張があるにしても五〇〇万の信徒を超えたとされており、ある時期までは最大の新宗教団体だった。大本も、大本が主体となって一九三四年にできた昭和神聖会《しょうわしんせいかい》には、八〇〇万人のメンバーがいたという。日本の人口がおよそ七〇〇〇万人（一九三五年）の時代にそれだけの力をもっていたのだ。他にも黒住教、禊教、金光教等があるので、当時の教派神道の勢いは相当大きなものだったことになる。

†仏教系新宗教の変遷―如来教と本門佛立講

他方で、幕末維新期以降、仏教系の新宗教も発展した。その大きな源泉は日蓮宗だった。江戸時代の日蓮宗では、民俗宗教的な要素を大いに取り込んだ講《こう》の活動が盛んに行われていた。たとえば、日蓮宗の僧侶と女性のシャーマン的な行者が組んで霊言を受け、癒しを行う。身延山久遠寺《くおんじ》や下総中山《しもうさなかやま》の中山法華経寺《ほけきょうじ》がそうした信仰の拠点となった。こうした信仰形態の中から、伝統的な日蓮宗から独立した信仰集団ができてくる。

これより早い時期に、日蓮宗とそれほど深くない関わりがある如来教《にょらいきょう》が生まれた。これは一八世紀の末に熱田《あつた》神宮《じんぐう》のある熱田に登場したものだ。きの（喜之、一七五六―一八二六）という女性が神がかって日蓮宗の行者と組んで、如来様の教えというものを説くようになったものだ。きのは、八歳で流行病のために親きょうだいを失い、尾張の熱田の武家に奉公して育った。その後、「一文商い」、つまり小さな商売をしていたという。如来教は、武家などにも信仰者ができ、大きな教団ではないが、その後もずっと継続された。これも新宗教のうちに含んでいいはずだが、その後の新宗教と大きく違う点は、如来教はこの世で幸せになることにあまり重きをおいていない点だ。現世救済を掲げる宗教ではなかった。日本の仏教では、浄土教が江戸時代にもっとも勢いがあった。死んだ後に極楽浄土に往生する、つまりこの世の向こう側に救いがあるという信仰だ。禅宗も、一般社会の家族生活や職業生活から離れて僧院で修行をする。これが本来の修行だと考えるので、現世離脱的な考えをもっている。これに対し、新宗教は現世肯定的で、家族生活をし、職業生活をしながら救われるとする。この世で幸せになることに救いがある。教派神道系もそうだ。仏教系からもそういう信仰が現れる。そういう点では、如来教は現世否定的で、この世を超えた所に救いがあると信じる点で他の新宗教とは異質である。きの自身も、禁欲的な生活を勧め、信徒の中には商売をやめて隠遁的な生活に入り、財産をみな寄付する人も出てきた。

それより少し後、江戸時代の終わりになると、日蓮宗教団と密接な関わりをもちながら生まれてくる教団が誕生する。本門佛立講《ほんもんぶつりゅうこう》である。京都の町人の長松日扇《ながまつにっせん》（清風、一八一七-九〇）が始めたもので、目立つほどの力をもつ仏教系の新宗教として最初のものだ。長松日扇は、豊かな商人の家に生まれ、しっかり学問を修めていた。母の死後、二十歳代の後半に日蓮の教えに傾倒して一度は僧侶になるが、彼の信心から見ると、当時の日蓮宗の僧侶は生ぬるい存在として満足できず、強い信心を求める八品講《はっぽんこう》という講に入る。

日蓮宗にはさまざまな講があり、その中には女性の行者が活躍する民俗宗教的なものもあった。八品講はそのような信仰とは異なり、教義上、排他的で自己の正当性を強く主張するタイプのものだった。「こういう信仰の実践をしなければ本物ではない。したがって救われない」という主張が強かった。法華経の中には二十八品《にじゅうはっぽん》（二十八章）がある。前半が迹門《しゃくもん》、後半が本門とよばれ、前半は仮のもの、後半こそが重要で、中でも第一六番目の如来寿量品《にょらいじゅりょうほん》がもっとも重要とされ、本門の中でも如来寿量品を含む八章がとくに重要なので「本門八品《ほんもんはっぽん》」とよんでそこをさらに選んで重視するグループに属した。

長松が親しんだ八品講は、高松藩の藩主の長男だった松平頼該《よりかね》がリーダーであった。だが、そのグループからも長松はさらにはみ出していく。彼は学がある人物だったが、いくら学があっても熱烈に布教しないような信仰ではだめだと、折伏をしながら仲間を増やしていくことを一般の町人や農民に勧めていく。これは既存の寺院連合体からすれば許容しがたいもので、取り締まりを求められる。存続に苦労するが、布教熱心なこともあり、かろうじて存続し、やがて在家中心の大きな拠点になっていく。家庭集会を行い、仲間をつくって共に祈る、亡くなったときもみなで祈るという宗教活動を育てていく。今でこそ「本門佛立宗」となっているが、日蓮系の在家主義的な新宗教の始まりである。在家信徒中心のその活動様式は、のちの創価学会や霊友会、立正佼成会などのもとになったともいえる。

本門佛立講は、少なくとも初期の段階では国家神道や天皇崇敬とは関わりがない。天理教や金光教と同じように病気なおしや心なおしに力点がある宗教だった。ところが、のちの日蓮系の教団は、同時に世直しに取り組むようになる。もちろん天理教や大本にも世直しの思想はあるが、天理教の場合はそれが抑えられた。他方、大本になると、国家神道や天皇崇敬を取り込むことでその面がさらに進んでいった。同様に、日蓮系の教団でも国家神道や天皇崇敬を取り込みながら世直し的な関心が強く組み込まれていく。

†田中智学と国柱会

日蓮宗系では、本門佛立講より少し遅れて明治中期に田中智学《ちがく》（一八六一―一九三九）という人物が現れる。智学はのちに国柱会《こくちゆうかい》へと展開する在家の日蓮主義の運動を始め、近代宗教史のみならず、思想史、政治史にも大きな影響を及ぼした。まず、一八八〇年に横浜で蓮華会《れんげかい》という団体をつくり、八四年に東京で立正安国会《りつしようあんこくかい》を始め、それが国柱会となったのは一九一四年である。父の医師、多田玄龍《ただげんりゆう》は日蓮宗身延派の在家講《ざいけこう》、寿講の熱心なメンバーであり、智学もその影響を受けて育った。ところが、数え年九歳から一〇歳の頃、両親があいついで死亡し、剃髪・得度し、日蓮宗の寺院等の施設で宗学《しゆうがく》を修めた。

しかし、当時の日蓮宗で支配的であった信仰や宗学のあり方に疑問を抱き、「祖師に還ること」を求めて、一九歳で還俗《げんぞく》し、蓮華会という在家日蓮仏教の運動を始めた。これは彼には妥協的と見えた当時の宗門の宗風に対する批判の動機があるとともに、「これからの仏教はもう出家主義の時代ではない。この世の問題に取り組み、在家の人々とともに信仰を進めなければならない」という考えにもとづくものでもあった。

こうした現世への積極的な関与はナショナリズムとも結びついて、やがて日蓮宗によって日本の国家を助け、世界に冠たる国家に発展させていこうという思想につながっていく。『宗門之維新』（一九〇一年）という本では、宗門改革を進めることで日本を救い、そのことが同時に、日蓮仏法を世界に広めることになるというヴィジョンを示している。ところが、その過程で、神聖天皇崇敬の重要性にも目覚めていく。天皇による統治が途絶えることなく続いてきたこと、すなわち日本の国体こそが尊いという理念に目覚め、神聖天皇と日蓮仏教の双方を掲げる思想へと転じていく。一九〇〇年代前半がその転換点となる。

田中智学

国体と神聖天皇を支える日蓮主義という智学の考えに感銘を受けた人物の中に、のちの陸軍のエリートである石原《いしわら》莞爾《かんじ》（一八八九―一九四九）がいた。ドイツに留学し、来るべき「世界最終戦争」に備えるという軍事理論を提示した石原だが、日米戦争が日蓮の預言に対応する平和への道であり、人類救済の道であるという信仰がそれを支えていた。関東軍の作戦参謀として、満洲事変を独断専行したのも、その考え方が背後にあったからだ。

近代日本の代表的な文学者のひとりといえる宮沢賢治（一八九六―一九三三）も国柱会を通して法華経への信仰を深めていった。文芸や歴史に親しんだ田中智学は、自ら新体詩、謡曲、歌曲の作詞、狂言、能、演劇、小説などの創作に携わった。静岡県三保の最勝閣《さいしょうかく》や東京鶯谷の国柱会館には能舞台が設置され、日蓮仏法を芸術を通して表現し広めることに熱心だった。童話でこそ仏教の深い教えを伝えることができると考えた賢治が国柱会に親しみを覚えたのはこのためだったかもしれない。賢治は智学の国体論的な側面には共鳴した形跡が見られないが、法華仏教の信仰を通じて世界を救うというその気概に引き寄せられたのだろう。

国柱会という名称は、日蓮が「我、日本の柱にならん」（『開目抄《かいもくしょう》』）といった言葉を受け継いでいる。智学が国体論を取り込んだ当初は、日本の国体が普遍的な王道にかなったものだという立場をとったが、次第に血統と神勅によって正当化された皇道論的な国体論へと転換していった。日蓮による教えが、神聖な天皇による世界への日本の力の拡大を促すものと考えられるようになる。これが「日蓮主義」ということになる。『日本書紀』に出てくる「八紘為宇《はっこういう》」という言葉を「八紘一宇《はっこういちう》」と言い換えて広めたのも田中智学だ。「神聖天皇のもと、日本が世界を一つの家に統一する」という意味の語である。国家神道の教えに日蓮宗の教えが組み合わさることによって、帝国主義的・全体主義的な宗教思想として展開していくようになる。

国柱会は大衆運動としてはさほど多くのメンバーを引き寄せたわけではない。そのため国柱会を新宗教に数え入れる人も多くはない。しかし、知識層に大きな影響を及ぼし、政治的な影響力という点では大いに注目されてきた。テロリズムに関わった井上日召《にっしょう》の血盟団や二・二六事件の若手将校たちに大きな影響力をもった北一輝《きたいっき》なども、直接間接に国柱会の影響を受けている。また、霊友会や創価学会のような日蓮仏教系の新宗教教団も国体を日蓮仏法が支えるという理念に影響を受けている。戦後の創価学会は「国立戒壇《こくりつかいだん》」と政治進出を結びつけていた時期がある。日蓮の教えにもとづいて正統的授戒が行われる戒壇をつくり、それが国家的な地位を得るのを実現させようとする理念を示すものだ。日蓮の遺著とされる『三大秘法抄《さんだいひほうしょう》』が典拠とされる理念だが、この「国立戒壇」という語も田中智学がつくり出したものである。

仏教系の新宗教は、日蓮宗系が戦前から戦後にかけて主体だった。それはこの章で見てきた二つの団体、本門佛立講と国柱会の影響力が大きく作用している。のちに創価学会が座談会で仲間的な地域集団を構築していくのは本門佛立講の先例があってのもの、「国立戒壇」という言葉を掲げて政治に進出するのは国柱会の先例があってのものだ。一九五〇年代、六〇年代には、仏教の中心的な施設を富士山の麓に設立すること（正本堂《しょうほんどう》の建立）を目標に掲げ、それこそが「広宣流布」の証《あかし》だとし、そのために政治進出するという目的が述べられた。国柱会の日蓮主義の形を変えた継承とみてよいだろう。

仏教による日本の救い、または日本の仏教の世界的な拡大（広宣流布）、こういったヴィジョンは日蓮正宗にもあったものだが、戦前、国柱会によってこそ増幅され、戦後の創価学会に受け継がれた。その意味で智学の思想は、現代日本の政治構造に多大な影響を及ぼしているのである。

第10章　救済宗教としての新宗教

†救済宗教とは何か？

新宗教とは新たに生み出された宗教だが、宗教社会学では近代以降において成立した宗教を指すことが多い。キリスト教も仏教も成立した時代には新宗教だったという場合、新宗教はどの時代に成立したかとは関係なしに用いられる用語だ。ところが、近代に成立した新宗教については、すでに一〇〇年以上の時が経過して、もう新しいとはいえなくなっても、新宗教とよび続ける用法が確立してきている。

この場合の宗教とは、私の理解するところでは救済宗教である。つまり人間は救われなくてはならない、そういう存在なのだという考えが基底にある宗教だ。そのままでは救われないのが人間の元来のあり方であり、それが救われるようになる知恵や真実が宗教が教える核心だとする宗教だ。それを見出すことこそが人間が学ばなければならないもっとも重要なことだ。そこに大文字の「真理」があるからだ、そう信じるのだ。

人間の一生はその究極的真理を知る前と後では、そのあり方がまったく異なる。究極的真理を知ってこそ救いに値する人間となるのであり、それは「本来の人間」として目覚めること、そうなることだ。この転換は「回心《かいしん》」とか「発心《ほっしん》」などとよばれ、生まれ変わることとも理解される。この目覚めはすべての人間に開かれている。すべての人間が目覚め、救われる資格がある。この点で救済宗教は人間の平等を基礎づけもする。

「人間はみな神の子だ」、「人間はみなきょうだいだ」、「人は誰もが救われるに値する何かをもっている」といった形で、救済宗教は人類の平等性を訴えてきた。それはまた、どんな人も個人として救いの教えに向き合う責任があるという意識にも通じる。究極の真理に応答する責任ある個人という観念も救済宗教の特徴だ。新宗教もまた救済宗教である。そこで、どういう種類の救済宗教かというところから新宗教の理解を深めたいのだが、その前に救済宗教とは何かということについて、もう少し私の捉え方を示しておきたい（ウェーバー『宗教社会学論選』、同『宗教社会学』、拙著『現代救済宗教論』、『宗教ってなんだろう』、キッペンベルク『宗教史の発見』、参照）。

†人類史の中の救済宗教

救済宗教は人類の歴史に大きな影響を与えてきた。「世界の三大宗教」というと、キリスト教、イスラーム、そして仏教だが、これらはすべて救済宗教である。現代人の多くは救済宗教を信奉しているし、それらの思想にまったく親しみがない人となると少数派になるだろう。救済宗教は現代でも多くの人々の精神生活に深い関わりをもっている。中世や近世では、その影響はもっと濃かった。

では、救済宗教は人類が誕生してからずっと継続して存在していたのかというと、そうでもない。これについてはドイツの哲学者カール・ヤスパース（一八八三―一九六九）の「軸の時代」（Achsenzeit, Axial Age）という理論が参考になる。

ヤスパースによると、紀元前一〇〇〇年期、つまりキリスト教が生まれる前の一〇〇〇年間ほど、とくに紀元前八〇〇年から二〇〇年ほどの間に世界の諸文明、四大文明で大きな思想的転換が成立している。四大文明のどこでも、究極の真理とは何か、人は何のために生きるのか、いかに生きるべきなのか、死んだらどうなるのか、について体系的な教え、教説が成立し、その後の文明を導く軸となっていった。中には宗教というよりは、哲学に近い、あるいは体系的な道徳思想や政治思想に近いものもある。ギリシャ哲学や中国の儒教がそうだ。それらに並んで、その後の人類の歴史に強力な影響を与えるのが仏教、ジャイナ教、預言者的なユダヤ教、少し遅れるがキリスト教などの救済宗教だった。これらの宗教や思想において、限界状況に直面した人間が実存的な自覚と超越への目覚めを体験することの意義が強調される（拙著『宗教学の名著30』）。

それから二〇〇〇年の間に世界宗教は世界中に大きな影響を及ぼし、今でもその影響は続いている。ルネサンス運動やフランス革命が起き、さらに近代になると科学革命も起きて、人間の知識で世界を変えていける、科学的知識によって人間は幸せになれると考える時代になった。近代化によって、宗教は過去のものになっていったように見えるかもしれない。そのままでは救われないと捉えられてきた人間が、自分自身で幸せになれるという思想が成長することになり、大きな変化が起きたと理解できる。「救い」がなければ、真に生きている価値が見出せないなどということはない。

†死や悪に向きあう人間

今では、そうした人間中心の考え方の方がまともだと思っている人は多い。とくに政治的・経済的に有利な地位にある人々にその傾向が強い。だが、人類全体で見ていくと、いまだに救済宗教の方が優勢だ。これは人類の宗教や思想を理解するときの根本的な問題の一つといえるだろう。「救い」（salvation）という言葉があるとき、多くの宗教は「この世でそのままでは救われない。救いは死の向こう側にある」と強調する。キリスト教系の宗教では「永遠のいのち」という表現を用いることもある。仏教では「涅槃《ねはん》＝ニルヴァーナ」といい、この世の命の苦しみが完全になくなった状態を指す。

それくらい有限な人間は救われない、大きな限界とともに生きている。その限界という言葉の中には「人の命は短い」、「幸せになるといっても一時のことにすぎないし、むしろ苦しみの方が多い」という意味がある。仏教では「すべての始まりに苦がある」という。キリスト教では「原罪という苦しみのもとになるものがある」という見方をする。そういう大文字の「悪」や「罪」や「業《ごう》」の向こう側に究極の何か、悟りや信仰の核心がある、そここそが目指すべきものだと考えて、そこに至る道を歩むことを求める。これが救済宗教の教えるところだ。

この世で究極の幸せに至れない人間、その限界は、まずは「苦」だ。だが、苦だけではなく、「悪」からも逃れられない。人は悪を犯す。人を憎んだり貶めたりする。それが罪になる。また、人間は常に争い合って傷つくとともに、より幸せになろうとする。自分のためでなくても、家族のため、部族のため、お国のためにと、外に敵を見つけ打ち勝とうとするとそれが暴力を引き起こすことになる。人は傷つけられるとともに傷つける存在、暴力を被る存在であり、暴力を犯す存在でもある。

また、人は死を避けられない。この世で愛をこめて何かをなしつつ、他者とともに生きているにもかかわらず、それには終わりがある。それはすべてを喪うことであり、無に向き合うことである。それでもこの世で苦しみつつ生きることにどのような意味があるのか。「苦」や「悪」や「無」というものを非常に強く意識させるのが救済宗教の特徴だ。そして、そういう教えにこそ納得できる真実があると人類は考えてきた。

†人間の力で幸せになると考える近代人

しかし近代では、次第に人間はそれを克服し、自力でこの世で幸せになることができると考えるようになり、努力をし、自分の運命を変えていけると信じるようになる。自助努力を勧め、自分の生まれ、受け止めてきた環境から、少しでもよい所へ行こうとする。近代は「進歩」が信じられ、「前へ進む」ことを当然とする時代だ。社会全体が変化をし、経済は拡大し、いつも富が増大していく経験をする。都市景観の変化を見ればわかるとおりだ。

その中で一人ひとりの人間もより幸せになる。自分一人、また自分の子供たちに対しても、資本主義社会における富の増殖によって、より多くの幸せを得られると考える。それが得られて当然だと思う。そうなると、超えられない限界があることを信じにくくなる。結果として、社会としても「あなたは変わることができる。もっと幸せになれる。努力をしなさい」というメッセージを発信するようになる。これがマックス・ウェーバーのいうところの「資本主義の精神」だ（『プロテスタンティズムの倫理と資本主義の精神』）。

こうした考え方は、西洋では一六世紀の宗教改革以降、次第に発展していって、一九世紀のはじめには産業革命が起こり、世界中に広まった。今は世界中が資本主義に飲み込まれ、誰もがより多くの富によってもっと幸せになるはずだという考えが広まっている。資本主義の大きな問題点は、実際には必ずしもそれを提供できないことだ。資本主義が頼りにする未来像がある――誰もがもっと幸せになる、今の困難や限界はやがては解決していくはずだ。実はそれが幻想であることに多くの人が気づいてもいる。

†日本の宗教の多様性

日本を見てみると、一方に救済宗教の仏教があり、他方に神道や儒教がある。後者は救済宗教ではない。神道の中から救済宗教のようなものも出てくるが、基本的にはよりよい秩序を目指し、この現実が苦しみや暴力に満ちたものであり、どうしようもない限界を抱えているとは考えていない。この世が本来もっている秩序をよりよきものにしていこうと考えている。この世で幸せになること、よりよい共同生活を実現していくことを教えている。

こうした現世秩序の重視は東アジアの文明の特徴だ。一方で救済宗教である大乗仏教が広められ、道家思想のように現世の秩序から離脱したところに深い真実を求める考え方もある。しかし、儒教や神道のような現世肯定的な思想が基調をなしており、近世以降は優位性を増していく。しかし、東アジアの中でも、とくに日本は平安時代から鎌倉・室町時代頃まで仏教の勢いが強く、儒教や神道はそのかげに隠れがちだった。この時代には、仏教的な救済思想が多くの人々に受け入れられた。中でも浄土教の影響は強かった。

浄土教の教えによれば、死んでから極楽浄土に往生し、そこで仏になることができる。死んだあとの往生によって永遠の命が始まる。浄土教における死後往生、そしてそこで救いが達成できるという教えは、キリスト教の死んだあとは天国へ行く、あるいは最後の審判で永遠の生命を得るといった考えに近い。

日本の仏教といっても、浄土教だけではなく、禅宗もあり密教もあり、日蓮宗もある。浄土教がもっとも現世否定的で来世での救いを強調しているが、他の仏教も涅槃《ねはん》は彼岸にあるという考えが基調にある。即身成仏や煩悩即菩提・生死即涅槃（いずれも苦難に満ちたこの世での生がそのまま仏の境地に通じるとする観念）という考え方も根強いが、涅槃は輪《りん》廻《ね》の向こうに存在する、あるいは生死を繰り返すあり方の彼方に涅槃があるとの考え方の方が本来的だ。この世は、輪廻の世界で生まれて苦悩を経験し死ぬことを繰り返している。

この世で生きる限り、苦しみの連続から逃れられない。その向こう側に成仏がある。それが涅槃ということだ。涅槃とはこの世にあるものとはまったく次元が違うものなので、その意味では現世否定的だといえる。

現世否定的ということと対応するものに独身聖職者の存在がある。仏教やカトリック教会の聖職者は職業生活をせず、家族をもたない。この世の快楽や生命増殖に関わらない。経済活動や性行為に関わらず、生命を保ち次代へ継承することに携わらない。生涯独身を貫くことが規範とされる。だが、イスラームはその制度がなく、ヒンドゥーもそうだ。ユダヤ教も日本の浄土真宗でも独身制は求められていない。だが、キリスト教や仏教のような救済宗教における独身を保つ聖職者の存在は、現世否定的な価値観に通じている。永遠のものがこの世を超えた所にあるという考え方に対応している。

ここに日本の新宗教の発生が関わってくる。日本の新宗教は救済を説く。けれどもその救済はこの世で実現する。この世こそが真の実在であり、その中でこそ救いが実現する。現世救済こそが目標なのだ。それはまた、現世に対して否定的な姿勢をとらない、あるいは否定が弱いということでもある。そのような救済宗教は世界宗教史の中にないわけではないが、この側面がとても明確に発展したのは日本の新宗教の際立った特徴といえる。

†新宗教の生命主義的救済観・再論

天理教は日本の新宗教の早い段階のものだが、「神が人間をつくった目的は人間が「陽気暮らし」をするのを見たい、この世で幸せに暮らす人間を見たいからである、それが理想なのだ」と説く。死ぬことを「出直し」という。「またこの世に生まれ変わって、この世で「陽気暮らし」を目指す」という信仰だ。死んで命は終わらず、生まれ変わってまた「陽気暮らし」をすることが生の目的である。来世に永遠の命があるのではなく、死後に目標があるのでもない。天理教だけでなく、おおかたの新宗教が同様の現世救済思想をもつ。

以下、対馬路人他「新宗教における生命主義的救済観」に引かれた例を紹介する。黒住教や金光教でも教祖の次のような言葉が伝えられている。

我道は死る《しぬ》ばかりぞ穢れなり、生き通しこそ道の元なれ（『黒住教教書』）

死ぬる用意をするな、生きる用意をせよ、死んだら土になるのみ（『金光大神理解』）

創価学会もそうだ。目指す所はこの世で幸せを実現すること。生まれ変わりということも、その最後に、生まれ変わりを続けながらこの世で幸せになることを続けるということである。二代会長の戸田城聖は次のように述べている。

いつもいつも、生まれてきて、力強い生命力にあふれ、生まれてきた使命のうえに、思うがままに活動して、その初期の目的を達し、だれにもこわすことのできない福運をもってくる。このような生活が何十年、何百回、何千回、何億万べんと楽しく繰り返される。(『戸田城聖先生論文集』)

立正佼成会の開祖、庭野日敬が死と無情について述べている所を見てみよう。

宇宙生命を本体とする人間の生命は永遠のものである。死は生命の消滅を意味しない。「たいていの人は、現在ここにある肉体が死ねば、自分は消滅するのだと考えているようです。それは、目に見えるものしか実在しないとする錯覚に基づく考えです。/水が蒸発したら、水は無くなってしまったように見えますが、けっしてそうではなく、水蒸気となって存在しているのです。それがまた、いろいろな条件によって雨・雪・露・霜となって目に見えるようになります」(『人間の生きがい』)

†「宇宙大生命」と心なおし

「宇宙大生命」「宇宙生命」という言葉で神や仏のことを表し、「宇宙大生命」に謝意を示してこの世で幸せになること、これが目標だということが、多くの新宗教に共通している。

生命とは、宇宙とともに存在し、宇宙よりも先でもなければ、あとから偶発的に生じたものでもない……宇宙自体が生命であればこそ、いたるところに条件がそなわれば、生命の原体が発生するのである。(『戸田城聖先生論文集』)

〈仏〉とは、宇宙の大生命です。この世のすべてのものを存在させ、動かしている根源の力です。(立正佼成会・庭野日敬『人間の生きがい』)

現界と霊界もことごとくがその宇宙に発しているから宇宙生命はそのまま神であり、同時にまた万物の創造者である。(世界救世教・岡田茂吉『基仏と観音教』)

こうした見方を、対馬路人他の一九七九年の論文では「新宗教の生命主義的救済観」と称したが、この論文は長期にわたってよく読まれ、多くの研究者がその内容を支持している。救済宗教なのだが現世主義的という特徴を、別の視角から捉えれば「生命主義的」と特徴づけられる。「宇宙は大いなる生命であり、根源者、命の根源となる存在だ」と考える。これを神といったり、仏といったり、宇宙大生命といったり、また、神道的意味合いが強いときには「親神様」といったりする。そういった存在からすべては生まれてきていると主張するのだ。

もちろんその中には人間も含まれ、永遠の命をいただいているということになる。そのおかげで生きている。神様とつながってこの世において幸せになることが人間が生きていることの意味なのだという。そのためには命の発展する流れを妨げるような心の働きを変えていかなくてはならない。これを「心なおし」といったりする。

たとえば、天理教であれば、「惜しい、欲しい、憎い、かわいい、恨み、腹立ち、欲、高慢」といった八つのほこりを積むことによって命の流れが悪くなって、この世で幸せになれなくなるという。そのほこりを払って心を清めていくと、親神様の命の働きの従前に生きていくことができる。そうすれば「陽気ぐらし」ができ、幸せに生きていくことができる。これが救いだと説いた。

そしてそれを自分一人でなく、多くの人々に広めていくことによってみんなが幸せになれる。これを大規模に展開するのが世直しということになる。そういった変化がいちばんわかりやすく体現できるのが病気なおし、広くは現世利益だ。苦しみの代表的なものが病気で、それが癒されることがそのまま救いの経験につながっていく。たしかに病気で立ち上がれない状態というのは、人生すべての挫折につながる。それが癒されて、もとの幸せな生活に戻れるのは幸せだと思えるし、癒される病気なおしの経験を通して、大いなるいのちとのつながりを感じとり、喜びの多い充実した生き方に参与できる。これが信仰によって救われた生活と実感される。

対馬路人他の論文では、主に一〇の主要な教団、天理教、金光教、黒住教、大本、世界救世教、生長の家、霊友会、立正佼成会、創価学会、PL教団を例に挙げて述べている。ほぼ妥当な見方といえよう。

†伝統的救済宗教からの脱却

どうしてそのようなタイプの新宗教が日本ではこの時期に広まったのか。

(1)一つには近代に入って、この世で幸せになれるという実感を多くの人々がもつようになり、それを目指した前向きの生活を送ることが深い意義をもつと感じられるようになったことによる。

加えて、(2)東アジア、とくに日本には仏教と同時に儒教や神道のような現世肯定的な思想・宗教の伝統が強い影響をもっていた歴史がある。

大乗仏教といっても、日本では神仏習合の領域がたいへん大きかった。日本の大乗仏教はまた、現世利益達成を否定しない密教ともつながっており、この世に生きる人間は本来悟りの状態にあるのだという本覚思想という形をとったりもするものだった。あるがままの現実がそのまま仏の境地につながっているという、大乗仏教の中でも現世肯定的な要素が日本仏教では根強かった。民衆が担い手となる傾向が強い宗派仏教では、浄土真宗は必ずしも現世肯定的とはいえないが、日蓮宗は現世肯定的要素が大きい。

三番目の要素として、(3)近代の宗教は担い手として民衆がより大きな役割をもつようになるということが挙げられる。階級社会のエリートがイニシアティブをもっているのではなく、民衆自身がリーダーとなって行動するような宗教だということだ。聖職者という存在がいるとしても独身ではないし、家族をもつ。つまり聖職者というより、在家リーダーであったり、信徒組織の役職者であり、多くの場合、職業生活ももっている。

聖職者がいる場合でも、聖職者と一般の信徒との差が小さい。そして信徒は入信するとすぐに布教者になり、周りに信仰を広める。これを「お導《みちび》き」といったりする。信仰をもつとすぐに「お導き」を始める。すなわち仲間を増やす。受け身であるというよりは、信仰をもつことによって自らが行動する人間になる。そこには信仰による変化を期待しつつ、あるがままの庶民の生活を肯定するという意味がある。

伝統的な救済宗教では、庶民の生活は苦しみの連続であってこの世では十全に幸せにはなれないという思想が基盤にあって、エリートと庶民の間の距離感を示していた。民衆自身が担い手となっている新宗教では、この世での身近な生活がそもそも偉大な救いの境地に通じているという考え方で、庶民に受け入れられやすかった。現世肯定的な新宗教は一九世紀のはじめの頃から始まってきた。明治時代、大正時代、昭和時代と次第に広まってきて、戦後になると創価学会に顕著に見られるように、爆発的な勢いで広がった。

創価学会は日蓮宗諸派にあった現世肯定的な面を、極端といっていいくらいに強めた信仰集団だ。行動的な志向をもち、この世で自分が幸せになる、そして社会を変えていく、これが「人間革命」につながるとしている。こうした考え方を基盤として次々と社会のさまざまな側面に出ていき、そこで信仰にもとづく真実の生き方を実現していく。経済活動であれ、芸術活動であれ、やがては政治活動であれ、すべて仏法にもとづく理想の生き方を実現すると信じられた。もともとは教育運動から始まったその思想は、科学とも一致するものだという主張にもなり、他者に向けて強く押し出されていった。

†伝統的な救済宗教と日本の新宗教の対比

以上、見てきたような日本の新宗教の考え方の特徴は、救済宗教の歴史の中で、日本の新宗教という救済宗教に顕著に見られる傾向をよく表している。それは、この世（現世）を総体として否定的に捉えたり、その限界を強調してその彼方にある超越的なものと対比する傾向が弱いということだ。キリスト教と仏教は現世否定や現世の悪（罪・苦）を強調する救済宗教だ。それと比べるとイスラームは現世肯定的といえるが、イスラームにおいても現世は不完全なものであり、死後にこそ究極の救いが達成されると信じられている。

これに対して日本の新宗教は現世における悪を強調せず、現世においてこそ救いが達成されると信じる。つまり、（1）救済宗教は現世否定的であり現世での人間の運命について悲観的であることが多いとすれば、新宗教は現世肯定的であることが多いということであり、（2）現世／来世、現実次元／超越次元という二元論的対比があるとしても弱いということ、それほど二元論的ではないということだ。

この（1）（2）を「悪」という宗教理解の鍵語を用いて述べてみよう。

（1）救済宗教は現世の悪からの救済の道を示す思想や実践のシステムだとすると、日本の新宗教は現世を悪とみなす度合いが小さい。悪が生じるとしても、それは人間の心のあり方や生き方の不適切性から生じているものであり、十分に克服できるものと考える傾向が強い。それはまた、現世で人間は十分に幸せになることができる、救済を達成することができると考えがちだということでもある。その意味で現世肯定的であり、楽観的だといえる。

（2）伝統的な救済宗教は、悪の語に集約される、現世の欠陥と人間の罪や弱さ、度しがたさ、そして、それと対照的に悪が克服された至福の領域としての来世と救われた人間の状態（永遠のいのち・安らぎ・涅槃など）とのコントラストを強調することが多い。ところが、日本の新宗教においては、このような対比がさほど際立っていない。むしろ現世において、悪が克服された状態が具現する可能性を信じ、そうではない状態との関係は断絶・異次元というよりも連続的なものと捉える傾向が強い。病気なおしのように現世生活の中での変化が救済の現れと捉えられるのも、こうした傾向とつながっている。

†新宗教の救済観の文化的・時代的背景

このような日本の新宗教の特徴は、（A）日本の宗教文化の特徴、（B）近代という時代の特徴、という両面から考えていくことができるだろう。（A）は、諸存在の霊的な力を尊ぶアニミズム的な心性が根強く、文明社会の発展によっても駆逐されなかった。神道においても、大乗仏教においても、超越的な存在はこの世に内在しているものと捉えられることが多かった。

また、（B）の近代においては、現世での運命の改善に対する期待が増した。経済的な向上や科学技術による進歩と学校教育による合理的知識の普及が進み、個々人や家族・隣人の幸福の増進を期待できる環境が広がった。とくに、政治経済的、あるいは文化的エリート層でない人々が、そのような変化を期待できる環境が広がっていった。近代以前の身分制社会で広がりがちであった、変えられない格差に対するルサンチマンが和らぐ時代だった。

このように日本の新宗教の救済観の特徴の文化的・時代的背景を考えていくと、そもそも救済宗教の世界観はどのような文化的・時代的背景のもとで支持を広げるものなのかを考えることにもつながる。本書の課題をそこまで広げる余裕はないが、そのような問題意識は、人類史における救済宗教の影響についてさらに考えを進める手がかりともなることはご理解いただけるだろう。手近にすぐに取り掛かることができることとしては、現代日本における救済宗教のゆくえという問いがある。

新宗教の発展期以後の日本で、救済宗教はどのような位置をもつのか。そこでは、なお救済宗教が受け入れられる環境があるのか。そこで受け入れられやすい救済宗教は、これまでの新宗教のそれと等しいのだろうか。それとも何らかの変化が生じているのだろうか。さらに、わかりやすい問いをもう一つ付け加えよう。現世否定的な性格が濃かったオウム真理教などに惹かれる人々が増えた時代を、どう捉えればよいのだろうか。

第11章　現代日本人の宗教意識の変容

†日本における「新宗教以後」の宗教性

一九世紀中葉から二〇世紀にかけて、救済宗教において現世肯定的な傾向が以前より強くなっているのは日本だけのことではなく、世界的な傾向だろう。その中で、日本の新宗教はとくにその傾向が強い。これは資本主義による経済成長と大いに関わっていたと思われる。多くの人がこの世でより大きな幸せを得られるような方向で生活が変化していく、その希望とともに生きるという経験は、現世救済の主張と相性がいい。そして人々の横の仲間的なつながりがそれらを下支えすることにもなった。庶民同士がリーダーを中心に連携していく仲間づくりが、参加している皆の幸せにつながる。こうした経験の共有が一定の社会条件のもとで広まっていった。

一九七〇年代以降、このようなタイプの新宗教の発展に陰りがさす。新宗教の曲がり角だ。前章で挙げた一〇教団などの成長が頭打ちになる、あるいは信者数が減少傾向に入る。これは八〇年代、九〇年代、そして二〇〇〇年代に、さらにその傾向がはっきりしていく。新宗教は、いわば「旧新宗教」になっていった。

二〇一〇年代になると、「寺院消滅」といわれるほど、伝統仏教が過疎地などで存続困難になっていく。それに続いて都市部で発展してきた新宗教も、衰退傾向がかなり明確になっていった。都市の中での仲間づくりがむずかしくなる。あるいは現世救済の思想が魅力として弱まっていく。そもそも救済という考え方が受け入れられなくなる。これは二つの方向へと展開していった。

一つは「もう救済ではない、癒《いや》しである」、あるいは「自己変容である」という考え方だ。苦しみに満ちたこの世で信仰を得ることで、自分の人生がまったく違う幸せに展開していくという宗教性が必ずしも求められなくなる。大切なものと尊いものに気づいて、生きることを救いとは感じない。一九七〇年代から「精神世界」に対する志向が広まり、「スピリチュアリティ」とか「霊性」といわれるもの、あるいは「癒しの思想」とされるものへと人々の関心が移っていった。これらは現世肯定的ではあるけれども、救いを求めるものではない（拙著『精神世界のゆくえ』『スピリチュアリティの興隆』『現代宗教とスピリチュアリティ』）。

もう一つの方向は、そもそも救いではあるけれども、現世肯定ではない、いわば伝統的な救済宗教と同じように現世否定的あるいは来世志向・超越志向という方向へ向かっていく動きだ。新宗教の現世肯定的な救済思想の主な担い手は中年女性たちだった。温かい仲間づくりが得意で、女性リーダーが中心となってまとまり、相互に鼓舞しあった。この方向が頭打ちになり、新しいタイプの新宗教が広まった。これらは一時期、「新新宗教」とよばれたこともある。新世代の新宗教といってもいいだろう。

時期区分するとすれば、天理教や金光教、あるいは本門佛立講などの第一期、大本などが広まった第二期、そして霊友会や生長の家が広まった第三期に対して、第四期を一九七〇年以降に定めることができるかもしれない。これは現代までも続いていて、非常に長い期間になる。「新新宗教」とは第四期の新宗教ともいえるものだが、従来とは性格が変わっているものが多い（拙著『ポストモダンの新宗教』）。

†新新宗教とエホバの証人

「新新宗教」と称された時期の新宗教は、以前のような現世肯定的ではないものがかなり見られる。その一例にエホバの証人《しょうにん》（ものみの塔《とう》）がある。これは日本由来の新宗教ではなく、アメリカで一九世紀に広まり、今は世界に広がっている教団が日本に入ってきたものだ。じつは戦前にも灯台社《とうだいしゃ》（「ものみの塔」の戦前の呼称）といって布教していた。しかし、これは全面的な弾圧を受けて一時消滅する。戦後にまた活動を再開するが、一九六〇年代頃まではあまり目立った動きはなかったものの、一九七〇年代以降、急速に発展する。

エホバの証人は、世の終わりの切迫を説くところに特徴がある新宗教だ。「まもなくキリストが再臨し千年王国が到来し、悪に染まっているこの世は滅びる。そのときに選ばれた者だけが救われて神のもとに残る」という信仰をもっている。世の終わりが近いと唱える。この終末論的千年王国信仰は近代のキリスト教のセクトにしばしば見られるものだが、エホバの証人はそれが徹底している。信仰に入ると布教のために生活を捧げなければならないので、ふつうの社会生活からかなりの程度、撤退せざるをえなくなる。世捨て人のようになるのだ。

この世との関わりを小さくし、信仰仲間だけで集まろうとすることになる。たとえば、エホバの証人の熱心な信徒は、クラスの友人の誕生日会に出ようとしない。これは偶像崇拝にあたるからだ。神を祝う以外の世の楽しみに参加することは正しくない、ひたすら世の終わりに備えるための生活をすべきだという。そして、多くの時間を布教に費やすことが求められる。実質的には仲間以外の人たちとの間にかなり大きな壁をつくることになる。

手術のために輸血が必要だというときでも輸血をしない。学校の武道の授業に参加しないことも求められる。武道の授業に参加しない理由は、アメリカで徴兵拒否を実践し認められてきた経験にもとづくもので、非暴力主義の考えと関わりがあるが、一般社会の平和運動にはまったく関心がない。普通の世の常識とは決然として違う態度をとる。入信者は世の中から隔離されていくといえる。自分たちの仲間だけで特別な世界をつくっていく。世の終わりに備え、世の終わりが来たとき、選ばれた者だけが救いを得る。そこに永遠のいのちがあるという教えだ。

†現世に背を向けるオウム真理教

現世に背を向ける終末論的（千年王国的）信仰のあり方は、どこかオウム真理教の様相を思い起こさせるものがある。一九九五年に地下鉄サリン事件、その前年に松本サリン事件を起こし、二〇一八年に死刑執行された麻原彰晃《あさはらしょうこう》（一九五五―二〇一八年）、本名、松本智津夫が始めた教団だ。オウム真理教も一九八〇年代の半ば、最初に若者が集まった頃はヨーガを広める団体で、より健康に、より幸せにという癒《いや》しの運動の性格をもっていた。それがある時期から修行をするなら徹底的に修行をするという方向に進み、「出家」を強調するようになる（拙著『現代宗教の可能性』、島田裕巳『オウム』、参照）。

出家すると家族生活と職業生活をすべて断つことになる。そして道場できわめて禁欲的で、修行一筋の生活を行う。各地にそういったコミュニティができ、信者たちは周りの人たちとほとんど接触せず、ひたすら修行に励む。その目標は意識のステージを上げること。死んでもさらに死の向こう側でそれを進めていくとする。他方、ある程度、修行が進むと教団の拡大のためにひたすら「ワーク」に勤めるようになった。経済力と布教力を高めるためのさまざまな活動に取り組ませ、それに集中させる。ある時期にはパソコンの製造販売に力を入れていた。組織のために献身的に働くことを求め、時間の余裕は与えない。

修行の目的は、この世以外の次元の世界での霊的境位の向上にある。この考え方は来世思考に近い。幸福の科学も実は来世志向的な側面を色濃くもっている。この教団は東大法学部を卒業し、大手商社で働いていた大川隆法《おおかわりゅうほう》（本名、中川隆、一九五六― ）が、一九八六年に創始した教団だ。幸福の科学はその名のとおり、一面、この世で幸せになることを目指している。けれども、霊界というものの存在をたいへん強調しており、この世に生まれてもまた霊界に還る、これを繰り返すと主張する。輪廻のようなものだが、この世で幸せになることに目標があるとともに、あるいはそれ以上に魂のステージを上げていくことが強調される。魂の向上が生まれてきた目的とされているため、その魂は常にこの世を超えた次元を目指している。現世を超えた次元に存在根拠をもつ魂が、より高いステージへ向かっていくことが求められるのだ（第12章、参照）。したがって、幸福の科学の場合は、現世超越的側面が強いといえる。

新世代の新宗教や新宗教類似の宗教運動では、一方に癒しの運動に近づく側面があるのと同時に、伝統的な救済宗教がもっていたような現世否定的な側面が新しい形で現れてきている。後者は、見ようによっては、いわば日本社会、現代社会に見切りをつけているともいえる。日本のこの世（現世）で幸せになる（病気なおし、心なおし）、この世をよりよく変えていく（世直し）ことへの関心が弱くなったのだ。それよりも向こうの世界に関心を向け、向こうの世界で霊的に高められていく。こういうことに関心が向くようになったといえよう。そういう意味で現世超越的な新宗教が増えていると考えられる。

†真如苑はなぜ七〇年代以降に成長したのか？

とはいえ、新新宗教の時代においてもっとも勢力を伸ばした真如苑《しんによえん》は「心なおし」によってこの世で幸せになることを強調しており、新世代の新宗教、つまりオウム真理教や幸福の科学と比べると、ずっと旧世代の新宗教に近い。現在、立正佼成会とともに、創価学会に次いで大きな勢力をもっている新宗教教団だ（芳賀学・菊池裕生『仏のまなざし、読みかえられる自己』、秋庭裕・川端亮『霊能のリアリティへ』、参照）。

真如苑は山梨県の出身でまたいとこの関係にあった伊藤真乗《しんじょう》（開祖、一九〇六－八九年）

と友司《ともじ》（摂受心院《しょうじゅしんいん》、一九一二―六七年）の夫婦によって創始された。一九三六年に伊藤真乗（当時は文明《ふみあき》）が、東京の立川で勤務先の石川島飛行機製作所を退職し、不動明王を祀る立《りっ》照閣《しょうかく》で宗教活動を始めた。すぐに成田山新勝寺に属する立川立照講《りっしょうこう》として届け出ている。このとき原動力になったのは、妻の友司の霊能だった。友司の祖母のきんと伯母の玉恵は、現在の真如苑でそれぞれ宝珠院、法性院とよばれるが、日蓮の高弟、日朗《にちろう》上人の筆になる曼荼羅を奉持し、横浜で加持祈禱を行っていたといい、友司はその霊能を継承したとの自覚をもっていた。この側面から真如苑の発生を見ると、霊友会と同様、日蓮宗系の女性の霊能者の系譜を引いていると捉えることもできる。

一方、真乗は「甲陽《こうよう》流病《びょうぜいしょう》筮鈔」という易学を代々継承してきたといい、石川島飛行機製作所に勤務している時期に、日蓮宗寺院に通ったり、姉の影響でキリスト教の教会に通ったり、心霊科学協会の会員と交流をもつこともあった。立照閣の宗教活動を開始したあと、真乗はすぐに修験道の本拠である真言宗醍醐寺《だいごじ》の三宝院《さんぼういん》で得度し、三八年には真言宗醍醐派「立川不動尊教会」と、名称と所属先を変えた。そして、自宅では狭くなったので、翌年には真澄寺《しんちょうじ》として寺院の形態をとる建物に移った。

しかし、戦後は真言宗から離脱し、「まこと教団」として活動を進めていくことになる。この時期の活動は、友司の霊能を基礎とし、熱心な信徒も「まこと基礎行」という行を通して霊能を開発し、友司の霊能を相承することを勧めるものだった。一九四八年、宗教法人まこと教団が発足した当時、すでに五万人、五七年には一五万人を超える信徒数を数えているが、一九六九年までその信徒数を超えることはなかった。このように教勢拡張が進まなかった要因の一部はいくつかの不運に見舞われたことである。

†困難の中から生まれてきた真如苑の特性

友司は三歳で父を失い、その後、母が去り、祖母のきんに育てられるという寂しい幼少期を過ごした。真乗と結婚して一九三四年に生まれた智文《ともふみ》が立照閣で宗教活動に入った三六年に死亡している。また、三七年に生まれた友一《ゆういち》は股関節カリエスで歩行に困難を覚える子供だったが、五二年に亡くなった。さらに、五〇年には信徒に暴力をふるったという理由で真乗が逮捕される「まこと教団事件」が起こった。二人の子供の死は「抜苦《ばつく》代受《だいじゅ》」として受け止められ、救いの教えの核心に関わる位置づけを与えられるようになり、五一年からは教団名も真如苑となった。しかし、五〇年代はじめという他の新宗教の発展期に、相次ぐ困難に見舞われたことが教勢拡張に災いした面は否定できないだろう。

だが、より大きな要因は霊能相承に重きを置きながら、それを安定的に進めるシステムが整っていなかったことだろう。そうしたシステムが整うのが五〇年代後半から六〇年にかけてであり、真如苑の大教団への発展期はむしろその後の時期であった。二〇一八年末の信徒数は約九四万人とされている。新宗教の多くの教団は、初期には神がかりや霊界との交流を行うシャーマン的な指導者の力を得て発展する。しかし、次第に霊能の行使は制限され、教えや儀礼による活動が主になっていく。

ところが、真如苑はそうした展開をたどらず、霊能の開発が維持され、多くの信徒が霊能者の活動に関わる体制がつくられていく。「接心《せっしん》」とよばれる実践は、それぞれの人や事柄に関わる教えの言葉が霊界から下され、それを霊能者が伝えるものだ。霊能者は、「大乗」、「歓喜《かんぎ》」、「大歓喜《だいかんぎ》」、「霊能」という四つの霊位に序列づけられており、新たな霊位へと上昇するためには厳しい判定がなされる「相承会座《そうしょうえざ》」を経なくてはならない。こうした修行・霊能システムが形づくられていくとともに、大般涅槃経《だいはつねはんぎょう》にもとづく「仏性《ぶっしょう》」に関わる教えが整えられていく。真言宗の僧侶としての修行に入ることも勧められるようになる。

真如苑、伊藤真乗（左）と妻・友司（真如苑提供）

教団の基盤ができたあとから、制御された霊能が維持され制度化されたことと、仏教伝統が取り込まれていったところに、真如苑の特徴がある。仏教系の新宗教で多くの人々が主体的に実践するのだが、奥行きがある修行を進めていくところは密教に近い。また、霊的なステージを上げるという点で、この世を超えた次元を教えに組み込みながら、しかしこの世でも幸せに生きていくことに力点が置かれている。

真如苑のこうした「顕幽一如」の信仰のあり方は、現世主義的ではあるが、超越的な領域が重視され、信徒らが超越界との直接交流に関わる度合いが大きいという点で、それまでの新宗教とは異なっている。これが一九七〇年代以降に真如苑が成長を続けた要因の一つと考えられる。だが、真如苑のあり方を全体として見ると、それまでの新宗教とは異なる新しさを、全面的で劇的な転換の結果とみるのは適切ではないだろう。

†統一教会の現世否定的な側面

もう一つこの時期に発展した新宗教の中で取り上げるべきものに統一教会《とういつきょうかい》がある。統一教会もエホバの証人と同じように外国から入ってきた新宗教だ。その母国は韓国である。現世否定的な面と現世肯定的な面が混合している宗教で、世の終わりを強調しているところもある。世の終わりは現世が悪にまみれているという考えと結びついている。活動形態には出家的な傾向があり、若者がこの世の生活を捨てて共同生活をする。結婚も神の意志のままに行う。一般社会のモラルとは違うようなラディカルな宗教的生き方を勧める。悔い改めるべき罪を強調するのも特徴だ（櫻井義秀・中西尋子『統一教会』、参照）。

統一教会は世界キリスト教統一神霊協会の略称である。現在は世界平和統一家庭連合と称しているが（韓国では一九九四年、日本では二〇一五年に改称）、ここではよく知られている統一教会という名称を用いる。もともとキリスト教を名乗ってはいたが、キリスト教の来世志向、現世否定的な面を受け入れながら、韓国の土着的な儒教や道教が混ざったような現世肯定的な宗教性ももっている。

教祖、文鮮明《ムン・ソンミョン》（一九二〇-二〇一二）は現在の北朝鮮の平安北道《ピョンアンブクト》の生まれで、日本で苦学していたこともある。戦後、北朝鮮でキリスト教の布教にあたったが投獄され、南の軍隊（国連軍）によって釈放されたという。この時期、京城帝国大学医学部に学んだ劉孝元《ユ・ヒョウオン》と出会い、その助力を得て、一九五四年、世界基督教統一神霊協会が発足している。聖典、『原理講論』も劉孝元の筆によってまとめられたものだ。

『原理講論』では、聖書の創世記を独自に捉え返して「堕落論」が引き出されている。天使であったはずの蛇がサタンとなってエバと姦淫し、続いてアダムも淫行に加わった。これが人類の堕落のもとである。人類は原罪を負い、サタンの血統を継承することになった。こうして堕落した人間が神に近づいていく復帰の歴史を推し進めていかなくてはならないとする。このように性《セックス》が悪（罪）をもたらすとし、若者に性的禁欲を求めるとともに、神の導きによる正しい結婚を行うことが救いへの道であると説く。教祖の命じた相手との集団結婚（「祝福《しゅくふく》」とよばれる）を推し進めるのもこの教えにそったものだ。

罪を負った人間が復帰の摂理を完成するのは、イエスの再臨である文鮮明によってだ。だが、その過程を推し進めるために、罪を減らしてこの世の資源を神の下へと復帰させていく必要がある。罪を清算することを「蕩減《とうげん》」といい、また「万物復帰《ばんぶつふっき》」という。実際には教団に人的物的資源を惜しみなく投ずることを指すことになる。壺や多宝塔や印鑑などの物資を破格な高額で売りつける霊感商法も「蕩減」として正当化された。日本の統一教会が社会問題となったのは、六〇年代から七〇年代にかけてで、若い信徒を家族から切り離し共同生活をさせ、時に学業放棄に向かわせるからだったが、八〇年代には霊感商法と合同結婚によって厳しく批判された。

†日本社会と対決した統一教会

統一教会は世界諸国で活動を行ったが、霊感商法が激しく行われたのは日本だった。これは日本は堕落を引き継ぐ「エバ国家」であり、「アダム国家」である韓国に負債があり、日本が韓国に「侍《はべ》る」、つまり人材と資金の供給を行うのは当然だという教えにのっとったものだ。韓国では約七〇〇〇人の日本人女性信徒が、統一教会の「祝福」により韓国人男性と結婚したが、これは韓国の農村部の男性の結婚難が背景にあったとされる。

統一教会は共産主義と戦うことを自らの使命とし、一九六八年に国際勝共連合を設立した。これによって韓国の軍事独裁政権だった朴正熙《パク・チョンヒ》大統領の支持を得、日本の右派や反共主義者とも手を結んだ。一九七四年には世界平和教授アカデミーを組織し、大学教授などの支持を得ることにも力を入れた。選挙のときに自民党の政治家を助ける活動にも関わっており、二〇一〇年代にはそれが続いている。霊感商法が厳しく批判され、統一教会が日本人からの搾取を正当化する教えをもっていることが報道されたあとも、この事態は変わっていない。

社会に害悪を及ぼす宗教教団を「カルト」とよぶ用語法は、オウム真理教事件によって広まるようになった（「カルト」の語の用語法の歴史については、井門富二夫『カルトの諸相』、参照）。しかし、一般社会の良識に正面から挑むような活動を行ったという点では、一九八〇年代以降の統一教会が及ぼした影響も大きい。統一教会には現世の悪や人間の罪深さを強調し、それと対決することを促す性格があり、それ以前の現世肯定的な新宗教とはだいぶ異なる志向をもっていたといえる。それまでの新宗教では、中年の女性が信仰活動の主体となることが多かったが、統一教会の場合は、オウム真理教と同様に若者の、それも男性の入信が多いのも新しい特徴だった。

創価学会も発展していく時期には一般社会と対立する局面があった。そういう局面が統一教会やオウム真理教に引き継がれていく。だが、その間に創価学会は宗教的な排他主義は維持しつつも一般社会と良い関係を保つ方向へと転換していった。また、創価学会の教えには現世否定的な側面は乏しかった。これに対して統一教会は、新新宗教、つまり一九七〇年前後から次第に目立ってくる、新しいタイプの新宗教の早い例といえる。

†世界の中の新宗教

欧米では、日本で新新宗教とよばれるような一九七〇年頃以降に目立つようになった時期の宗教集団を「新宗教」(New Religion) とよぶことが多い。このような捉え方では、統一教会は新宗教の代表ということになる。アメリカ合衆国の学者がエホバの証人やモルモン教を新宗教に数える場合でも、新宗教による宗教の多様化が進んだのは一九六〇年代以降とみなすことが多い。

日本では新宗教の新世代とみなされるようなものが新宗教の代表とされるのだ。この対比からわかることは、日本には新宗教がとても多いということだ。日本の他では、アメリカ、韓国、ブラジルあたりにはあるが、その中でも日本はとくに多いといえる。

アメリカの場合は、新宗教というよりはセクトが多い。キリスト教の中の分派のことだ。宗教改革以降、キリスト教の内部でさまざまな小集団が生まれ、それらが分裂したことによってできた。それらがもっとも発展したのがアメリカなのだ。アメリカではキリスト教会が四分五裂して団体が次々と分かれ、アメリカはその歩調に合わせてできた国であるともいえる。セクトが次から次に分かれていった結果、すでにキリスト教とはいえないような団体がある。これがアメリカの新宗教の実相で、カルトと呼ばれることもある。

たとえばアメリカでジョセフ・スミス（一八〇五–四四）によって創始されたモルモン教はいちおうキリスト教の枠内にあるものの、聖書の他に『モルモン経』という聖典が発見されたとしている。これは明らかに新宗教で、キリスト教の枠を超えている。

ブラジルではアフリカ系の宗教が入っている。アフリカ系のものとインディオ系のものとキリスト教系のものが混じり合って中南米やカリブ海地域の新宗教ができた。逆に新宗教が少ないのは、フランス、イタリア、スペインなどカトリックの国だ。また、プロテスタントの中でもルーテル派が強いところは新宗教が大きくは増えなかった。イギリス、オランダはカルヴァン派が強く、ここではセクトと新宗教が比較的広まることになった。だが、新宗教の影響力は限定的である。

どうしてこのような差が生まれることになったのだろうか。理由は、（1）教会の独占権が強く、なかなか揺るがなかった地域からはセクトや新宗教は出にくかったということ、（２）欧米では異文化に由来する宗教の影響力が目立ってくるのは遅く、二〇世紀の後半以降からだったということだ。

†日本の新宗教の多様性

日本はアジアの中でもとくに新宗教が生まれる傾向が強かった。仏教がさまざまな宗派に分派化したからだ。その理由は、仏教教団がそもそも四分五裂の状況だったことにある。これは日本の封建社会と関係があった。

本来、仏教教団は一つのサンガ（僧伽《そうぎゃ》）をつくるという理念が強かった（拙著『日本仏教の社会倫理』）。サンガは在家を含め仏教を信仰する者の共同体を指すが、授戒を受けた僧侶の集団を指すこともあり、今でも南方仏教、すなわちスリランカ、ミャンマー、タイではそういった傾向がある。それが一つの集合体として尊ばれる伝統があり、チベットでもその傾向は強い。しかし、仏教が中国に到来してから次第に分派ができるようになり、日本に至って、その分派化が顕著に展開することになった。一つの教えであった仏教が何々宗として多数に分かれている。ある程度以上の規模をもつものに限定しても、全部合わせれば五〇くらいになる。

鎌倉仏教といわれる仏教各派も、前代の古代と同じように国家と結びついた。宗教が国と結びつくことになり、それぞれ強いつながりをもつ仏教各派が並び立つようになった。当時は封建社会の国家で、中央集権ではない。中国の場合は、中央集権化、郡県制ともいえる状態が続いていくが、日本の武士政権の社会では封建社会化し、分権化していく。梅棹忠夫の『文明の生態史観』(中央公論社、一九六七年)によると、だからこそ日本は近代化が早く成し遂げられたということになる。こうした政治における分権化と、宗教における分権化が並行して進行したとみることができる。

こうして仏教の各集団が分立し、さまざまな宗派が互いに覇を競うまでになった。このような状況なので正統派の宗教がはっきりしない。そういう中で、民衆を中心とする新しい宗教が生まれやすかった。

†日本の仏教の特徴と新宗教

さらに近世、江戸時代になって、その上に幕府が宗門統制を行ったために、宗教自身の統制力が弱まり、異端ができやすい環境になった。日本の宗教の分立体制を江戸時代の言葉では宗門、あるいは宗旨《しゅうし》という。宗派はたくさんあって当たり前だという考えだ。禅宗と浄土宗では教えと内容が大きく違うし、日蓮宗と浄土真宗でもまるで違う。天台宗の枠の中から分かれてきた宗派であっても、封建社会の中でそれぞれの宗祖《しゅうそ》信仰に転じていく。宗祖信仰、祖師《そし》崇拝というものが新宗教のもとになっているとみることもできる。

同じ仏教でも、ブッダよりも日蓮の方がずっと重要だと信じる人が少なくないのが、日蓮宗の特徴だ。中でも日蓮正宗では日蓮本仏《ほんぶつ》論というものがあり、ブッダよりも日蓮の方が上位の仏とされている。日蓮本仏論の流れを引き継いだのが創価学会だ。創価学会の会則前文（二〇一四年改定）には池田大作による「日蓮世界宗創価学会」という言葉が引かれている。創価学会は教祖がはっきりしない。創始から三代、戸田城聖、牧口常三郎、池田大作と続くわけだが、いずれも唯一の教祖にはなっていない。池田大作は今はもっとも崇敬されていると思われるが、日蓮の存在もそこまで遠いわけではない。

新宗教の特徴は、時間的にも距離的にも教祖の存在が近いことにある（宗教社会学研究会編集委員会編『教祖とその周辺』）。教祖を引き継ぐ歴代のリーダーが世襲されることが多いのも特徴だ。その淵源をたどると一つは宗祖崇拝となる。これは日本仏教のもつたいへん大きな特徴なのだ。救済宗教には一般的に国境を超えるという特徴もある。すべての人が限界を分けもっているので、人間としては同じだという一種の平等思想がある。日本の場合は、救済宗教を受け入れながらも、国境の意識がとても強い。大陸の大文明から見ると辺境に位置するので、普遍的なものにつながりながらも、教祖に近くにいてほしいという願いがあり、これが宗祖信仰につながっている。島国的だといってもいいだろう。

そうした思考が新宗教のあり方につながっている。日本の文明を周辺文明論という観点から捉えようとする論者もいる（山本新著、神川正彦・吉沢五郎編『周辺文明論』）。大きな文明にくっついている小さな文明、これが日本の文明の特徴だというものだ。アメリカがイギリスにくっついていて、文明の端にいたということに近い。大きな文明の本体はなかなか小さな文明に分かれにくいものだが、周辺からはさまざまな宗派が分立する体制ができてくる。このような動きともつながってくる。

だが、日本の宗教文化の土壌から発生した日本の新宗教は、ある意味では共通点が多い。生命主義的救済観や現世肯定的な救済観はそのことをよく示している。しかし、新新宗教になるとそうした枠組みを超えるような新宗教が影響力を強めてくるようになる。エホバの証人や統一教会はそうした多様化の新たな波を示してもいる。

第12章　新宗教の後退とオウム真理教

†新宗教の下降傾向と新新宗教の台頭

日本の新宗教は一九世紀のはじめくらいから一九七〇年頃までに発展し、多くの人々の支持を得てきた。約一五〇年ほどの間である。一九七〇年代に入る頃から新宗教全体の国内での発展は止まり、既存の勢力が後退、あるいは衰退し、新興勢力もそれほどの伸びを見せず、全体として停滞期に入る。

たとえば創価学会は一九五〇年に五〇〇〇人といっていたものが、一九六〇年頃には七五万世帯、一九七〇年前後には公称では七五〇万世帯となった。一九五〇年代から一九六〇年代には一五〇倍、その次の一〇年は一〇倍になった計算だ。公明党の得票数でいうと、一二―一五パーセントほどを全国区で占めることになる。ただし、世論調査で調べると、実は創価学会のメンバーという自覚をもつ者は三―四パーセントくらいと出る。したがって、実質は三〇〇万人―四〇〇万人くらいだと思われる。そこまで成長したわけだが、その勢力の成長は一九七〇年頃に止まる。

第2章でも述べたように、一九七〇年という年は創価学会にとって大きな転機になった。創価学会が藤原弘達《ひろたつ》の『創価学会を斬る』という本の出版妨害をし、言論妨害事件が起きたのだ。事件が暴露されたところから、国民に創価学会という宗教団体と公明党という政治党派の関係が問われ、宗教的目的のための政治団体をつくり、宗教が政治を利用していると非難された。政教分離に違反するとされ、結果的に宗教団体と政党の組織をはっきり分けることを求められたのである。

また、従来行われてきた「折伏《しゃくぶく》」という攻撃的な布教が社会的に行いにくくなってくる。批判が厳しくなってくることもあり、二代目以降の信徒にとっては受け入れにくいものと感じられもした。海外では今も信徒が増えている地域があるが、創価学会の国内での信徒はその頃からほとんど増えていない。同じような傾向は、天理教、金光教の他、霊友会、立正佼成会、大本系の生長の家、世界救世教などにも見られ、主要な新宗教教団は停滞期に入った。

†信徒数の減少と死者祭祀

文化庁が各教団の公称信者数を示している『宗教年鑑』の昭和五七年版と平成二九年版を比べてみよう。それぞれ、一九八一年末と二〇一六年末の信者数が記されており、この三五年間の変化が見えてくる。順番は『宗教年鑑』に記載されている順番によっている。

もっとも、公称信者数は実際の活動的な信者数とは大きく隔たっていることが多い。実際よりも多く数えている場合が多いのだ。とはいえ、教団本部が信徒の減少傾向を認め、それを公にしていることは確かだ。あまり減少が目立たない教団もあるが、大きく減少している傾向は明らかだろう。

なお、創価学会の信徒数は『宗教年鑑』には掲載されていない。ある時期までは自前の刊行物等で信徒数を公表していたが、一九七四年には一六一一万一三七五人、一九八九年には一七八四万七〇〇〇人だった。現在の創価学会は世帯数を公表しているが、一九八一年には七九一万世帯で、二〇一六年には八二七万世帯である。ただ、この八二七万世帯という数字は、私の手元にある資料（『SOKAGAKKAI ANNUAL REPORT』創価学会広報室）では、二〇一〇年から変わっていない。他方、支持者の大部分が創価学会関係者である公明党の参議院比例代表選挙の得票数を見ると、二〇一〇年の七六三万票から二〇一九年の六

	1981 年末	2016 年末
大本	168,105	167,604
金光教	470,646	430,170
霊友会	2,962,880	1,272,581
妙智會教団	724,418	685,145
立正佼成会	5,393,944	2,725,561
天理教	2,610,137	1,199,955
生長の家	3,733,239	459,531
世界救世教	821,202	604,015
パーフェクトリバティー教団	2,714,962	818,467

各教団の公称信者数（『宗教年鑑』より作成）

五三万票へと九年間で一一〇万票、およそ一五パーセントほど減っている（「時事ドットコムニュース」二〇一九年七月二八日）。

創価学会と同様、大本や金光教や妙智會のようにそれほど減少が目立たない教団もある。大本の場合は、信徒が葬祭、すなわち葬儀や追悼儀礼も大本式で行うのが通例だという背景がある。神道系の教団の場合、葬儀や追悼儀礼をその教団のやり方に変更することを「改式」という。大本は入信者に改式を求める。つまり、家の宗教にもとづく従来の葬儀や法事をやめて、新しい祭式のやり方に変える。具体的には従来の仏壇を廃棄して、神道式の祭壇を設ける。この点は創価学会と同様だ。仏壇を従来の家の宗旨のものから、創価学会式の本尊を祀った仏壇に取り替えるのだ（「謗法《ほうぼう》払《ばら》い」とよばれていた）。

†入信者の減少と世代継承の困難

他の多くの教団は入信しても、葬儀や法事は家の宗教をそのまま継続することを許容する場合が多い。たとえば、天理教に入信して天理教の祭壇を導入しても、従来の家の宗旨による仏壇は保持し、葬儀や法事はそのまま維持する例が多い。天理教に入信しても、葬式はたとえば浄土宗寺院にしてもらうということだ、これは教団によって多少事情が異なるが、家族や親族との葛藤を避けるためということもあるし、もともと伝統仏教はそれなりに存在意義があることを認めているので、仏壇を排除して寺院との対立を招くようなことをするのは避けるという面もある。天理教のように神道式の独自の葬儀様式をもっているところもあるが、教団独自の葬儀様式をもっていないのでそうしようにもできない教団もある。

しかし、このようにある新宗教に帰依していても、葬送や死者祭祀の様式は伝統仏教を維持することになると、帰依した新宗教の次世代への信仰継承がされにくくなる。大本や創価学会は世代継承率が比較的高い。熱心な信徒夫婦が世を去ったあと、次世代も大本や創価学会の祭祀様式を引き継ぐことが多い。中学生ぐらいになると信仰集団から離れ、学業を終え忙しく働く時代にはなかなか教団活動に加わる機会がなくても、親や近親者が亡くなることになると自ずから親の世代の宗教に戻っていく。こうして信仰の継承が行われる率が高いのだ。

新たな信徒の入信があまりなくても、世代継承率が高ければ教勢の低下は大きなものにはならない。しかし、一九七〇年代以降、それまでに教勢を伸ばしてきた日本の多くの新宗教教団では、新規の入信者が乏しい一方、世代継承がうまくできない状態に入っていった。このことは、まずは教団構成員の高齢化として目につくようになり、信徒の減少が数字として露わになってくるのは一九八〇年代以降で、現在も続いている。

†阿含宗の影響を強く受けた麻原彰晃

これに対して、七〇年代以降に新たな新宗教教団の成長が見られたことは、前章でも述べた。これら「新新宗教」ともよばれた諸教団のうち、前章では、エホバの証人、幸福の科学、真如苑、統一教会などについて述べた。他にも、阿含宗《あごんしゅう》、崇教真光《すうきょうまひかり》・世界真光文明《せかいまひかりぶんめい》教団《きょうだん》、ＧＬＡ、浄土真宗親鸞会《しんらんかい》、ワールドメイト、顕正会《けんしょうかい》などがあるが、これらの教団の多くは創価学会と同様、『宗教年鑑』に信徒数が記載されていない。都道府県で認証を受けるなどして、文化庁に公称信徒数を届ける必要がない組織形態をとっているのだ。

とりわけ目立つ展開を見せたが、創始されて一〇年ほどののちに壊滅していったのはオウム真理教である。オウム真理教の教祖、麻原彰晃は熊本県八代《やつしろ》郡金剛《こんごう》村（現八代市）の畳職人の家の九人のきょうだいの七番目の子（四男）として生まれた。幼児期から片目が見えず弱視だったが、寄宿舎に入って盲学校に通った。成績がよく熊本大学を志望したこともあったが、高校卒業後は東大法学部を目指して東京に出る。その一方、鍼灸師《しんきゅうし》の資格もとり、結婚し船橋市で鍼灸院を営んだり、漢方薬局を営んだりした。その頃から密教と原始仏教の結合を掲げる阿含宗に入信し熱心に信仰したが、薬事法違反で逮捕されるようなこともあり、夫婦はたいへん苦しい時期を過ごした。

麻原が一時期熱心に信仰した阿含宗は、一九五四年、桐山靖雄《きりやませいゆう》（一九二一―二〇一六）によって横浜市で創始された。二十数年間は観音慈恵会《かんのんじけいかい》という名で活動していたが、その信仰世界では他の従来の新宗教と同様、現世利益の追求や心なおしが大きな位置を占めていた。観音菩薩を信仰し、宝塔を礼拝対象として真言やダラニを唱える日々の供養行を行うとともに、「我」や「欲」を捨て、人を助け、人のためになることをすることで、宇宙の生命力と一体化し、生命エネルギー即観音エネルギーを充実していくことができる。これこそ自らの心（「一念《いちねん》」）をもって宇宙の進化に参与していこうとする、法華経の「一念三千《いちねんさんぜん》」の教理であるという。ここには幕末維新期以来、とりわけ昭和期の新宗教に顕著に見られた、現世志向的な救済観や信仰実践の典型的な例を見て取ることができる。

ところが、一九七〇年頃からの阿含宗は、それに加えて瞑想や身体修行の要素とメディアでの派手な宣伝の要素を加えていった。『変身の原理――密教の神秘』（一九七一年）、『密教・超能力の秘密』（一九七二年）の刊行は、そうした展開をよく示している。そこでは、瞑想による密教的＝ヨーガ的な修行を行うことによって、記憶力をはじめとする知的能力を拡大し、超能力を得て自らを普通人より進化した超人的存在に変身させることができると説かれている。そしてどちらの著作においても、脳生理学への言及が大きな部分を占めている。空海が日本に導入した真言密教の求聞持《ぐもんじ》瞑想法や、ヒンドゥー教とチベット密教の双方で重んじられるタントリズムの主要な行法であるクンダリーニ・ヨーガによって脳の変化をもたらし、人間「改造」ができるというのだ。

†現世否定・現世離脱に向かったオウム真理教

麻原は阿含宗に入信して数年間、熱心に信仰を続けた（拙著『現代宗教の可能性』）。しかし、阿含宗の中では十分な瞑想や身体修行を行うことができず、それに不満をもった。そこで、書物を通して、クンダリーニ・ヨーガや密教的瞑想について学ぶ時期が続く。ここで導き手となったのは、インド哲学を専門とする学者であるとともに瞑想実践の修行を指導してヨーガ禅道院という団体も組織していた佐保田鶴治《さほだつるじ》の著作と、チベット密教の瞑想法を現代的に語ったチョギャム・リンポチェの著作を巧みな文体に翻訳した中沢新一の『虹の階梯　チベット密教の瞑想修行』(平河出版社、一九八一年)だった。

こうして身体修行や瞑想に力点を置くようになることで、麻原は現世否定や現世離脱の教えに親しんでいく。チベット密教ではそれが基底にあり、『虹の階梯』でもその要素は明確に表現されている。

いつ死の風に吹かれるか、それは誰にもわからない。死が訪れれば、あなたがどんなに金持ちであったとしても、家族や友人に恵まれ、尊敬されていたとしても、権力をもっていたとしても、なんの役にも立ちはしない。一つの生から次の生へととだえることのないもの、それは心の連続体だけである。だから、死の時と死後にそなえて必要なのは、ただこの心の連続体を成熟させる修行だけである。(七九ページ)

麻原は一九八四年に阿含宗から独立し、一五人のメンバーとヨーガ道場を始めるが、すぐに「オウム神仙《しんせん》の会」と名乗り、翌年には「オウム真理教」と名を改める。そこで説かれるようになるのは、修行によってこそ、死を超えることができるということだ。数年後の麻原は次のような説法を行っている。

オウム真理教の信徒として、皆さんがまず考えなくてはならないことは、必ず自分は死ぬんだということだ。それは、皆さんが肯定しようと、あるいは否定しようと、死ぬんだと。そして、その死というものは、皆さんの修行によってのみ、乗り越えることができるんだと。それ以外のものでは、決して乗り越えることはできないんだというこことを断言しなくてはならない。(『ヴァジラヤーナコース　教学システム教本』刊行時不明、一三七―八ページ)

†オウム真理教の信徒集団のあり方

このような現世否定的・現世離脱的な教えと修行重視の実践のあり方が、若者たちに強い魅力を感じさせたようだ。オウム真理教は、一九九五年に地下鉄サリン事件を起こして崩壊していくが、その段階での国内信徒は約一万人、そのうち出家修行者が一二〇〇人余りとされる。警察が発見した信徒名簿の集計によると、出家者のうち、二〇代が四七・五パーセント、二〇代と三〇代を合わせると七五・四パーセントとなる。しかも男性が多い。これは四〇代、五〇代以上の女性信徒が多かった従来の新宗教とはだいぶ違う。中にはかなり高学歴な理系の学生が多いし、大学院で学んだ人も多い。

比較的若年層の入信が多いのは、統一教会や幸福の科学とも共通する特徴だ。そして、この時期の新宗教の発展の仕方が従来と大きく異なるのは、仲間集団をつくり、語り合い支え合うことにそれほど積極的ではないことだ。メンバーを増やすことについては非常に攻撃的で積極的だが、まとまりある仲間が相互交流をして温かい集いをつくっていくこと、その中に癒《いや》しや人間的成長を求めるという、従来の新宗教の重要な要素が後退している。

従来の新宗教では、集会所へ行った場合、たとえば立正佼成会の法座《ほうざ》や創価学会の座談会では、車座になったり座卓を囲んだり、トップの人を囲んでもお互いが顔を見合わせながら話ができる集まりだ。そこでお互いを理解し合い、暖かい交わりを育てていくという傾向があった。それがかつての分厚い家族や地域社会の交わりにかわる、「第二のムラ」をつくるということでもあった。

これに対し、一九七〇年代以降に発展した新宗教ではみなで横並びにすわって相互の顔を見ることなく、ビデオ画面を見る機会が多くなった。質問をすれば答えることもあるが、場合によってはそれもなく、ビデオを見ただけで別れるのだ。あるいは黙って黙々と修行をする。これはオウム真理教でよく見られたシーンである。中にはヘッドホンで耳を覆って教祖の語る説法テープを聴いたりしながら修行をする人もいた。ある意味でたいへん孤独な人間の集まり、集合体だという特徴がある。そして、しばしば一般社会との間にかなり強い軋轢《あつれき》を生む。宗教団体が急速に発展するときはいつも一般社会との間に軋轢が生まれるが、それがかなり長期にわたり甚だしい程度で続くようになった、オウム真理教の場合はそれがもっとも顕著であった。

†オウム真理教と暴力

オウム真理教の信徒たちは、出家者同士が集まっていても、それぞれが激しい修行に勤《いそ》しんだり、組織のための活動である「ワーク」に集中したりしていて、その集団は相互に理解し合い支え合う仲間の交わりというより、修行による自己の意識の向上に集中している孤独な人々の集まりという性格が強かった。

教線の拡大の中で、オウム真理教は暴力事件も起こしていく。そこでは、教祖への絶対的な帰依服従を説くグル崇拝が大きな役割を果たしていた。一九八八年頃から、麻原は(1)「マハー・ムドラー」とか、(2)「ヴァジラヤーナ」とか、(3)「ポア」というチベット仏教の用語を悪行の正当化に都合よく解釈して多用するようになる。これらは、(1)修行を進めるためにたとえ理不尽でもグルの絶対的な権威に自発的に従うよう促すこと、(2)一般社会で許容されないような暴力をも高次の目的にかなうものとして是認するここ

サリンで汚染された地下鉄車両を除染する陸上自衛隊（陸上自衛隊提供）

と、さらには、（3）殺すことが殺される人を救うことにもなるとして殺人を肯定すること、を指す用語だった。実際にこの時期、厳しい修行によって信徒が死んだことを皮切りに、麻原に反抗すると見えた信徒を殺害し、八九年一一月には教団に批判的な坂本堤《さかもとつつみ》弁護士家族を殺害するなどの犯罪に手を染めるようになっていく。

さらに、一九九〇年には衆議院選挙に候補者を立てて惨敗し、他方で教団施設の所在地の住民との軋轢が深まるとともに、社会体制の暴力的転覆を夢想し、「ハルマゲドン」（終末論的な善と悪の戦いの場、聖書の「ヨハネの黙示録」に登場する）を自ら起こそうと考え、そのために組織的な準備を進めるようになる。同時期、ソヴィエト連邦から新体制へ移行したてのロシアに勢力を伸ばし、国際的な政治力行使を夢見るようにもなる。教団組織を擬似的な国家組織になぞらえ、新たなテクノロジーの活用に力を入れ、軍事的な行動ができる体制をつくろうとする。こうして教団の内閉化と暴力化が進み、一九九四年の松本サリン事件（七人死亡、約六〇〇人負傷）、九五年の地下鉄サリン事件（一三人死亡、約六三〇〇人負傷）へと突き進んでいくことになる。

オウム真理教が起こした一連の事件で起訴されたのは一九二人、二〇一八年七月に麻原他、一三人が死刑を執行された。その後も、麻原を崇拝しつつ信仰を続けるものは、「アレフ」という教団名で活動を続けており、麻原崇拝を否定しつつも上祐史浩《じょうゆうふみひろ》を中心に、かつてのメンバーが続ける「ひかりの輪《わ》」があるが、いずれもその信徒数は多くない。公安調査庁によると二〇一八年段階での両派を合わせた信徒数は国内で約一六五〇人とされるが、「アレフ」が大半である。

†現世に距離をとる傾向

オウム真理教の特徴として、修行を通して究極の解脱を目指すという目的があるが、その状況とはこの世から別の次元へと魂が発展するということである。これは現世における救済とはだいぶ違う、現世離脱的な志向だ。このこととオウム真理教が一般社会と異なる別の世界を打ち立てようとする傾向があったことと関わりがあるだろう。それ以前の新宗教は、一般社会との間に一定の距離はとるものの、基本的には一般社会と友好的な姿勢をとることを望んでいた。

世直しを目指す教団の場合、この世を変えていこうというわけだから、この世と対決しようとする側面があるとしても、折り合いを見出そうとする傾向が強かった。基本的にはこの世で幸せになることを目指す現世志向的な宗教だったので、一般社会に背を向けるという要素はあまり大きくなかった。第9章でふれた天理教の分派、ほんみちのような例外的な教団もあるが、全体としては少なかったといえる。

ところが、一九七〇年代以降の新宗教の中には現世的なものに否定的な団体が多い。大本や天理教の中にも理想世界を待望する世直し的な要素はあったが、今ある社会がそのまま発展して幸せな社会になるという考え方が強かったのに対して、根本的に違う世の中になると主張した。こうした傾向と世紀末に流行ったノストラダムスの予言とが結びついて終末論的な思想が広がるようになった。これは世界的にはキリスト教の原理主義者(ファンダメンタリスト)がもっている特徴と通じている。エホバの証人、統一教会、オウム真理教はそのよい例である。「現世救済」が新宗教の特徴であったのに対し、少し様相が違ってきたのである。

さらにもう一つの特徴として、身体的な修行の要素が強調されるようになってきたことが挙げられる。密教的な要素が入ってきたのだ。霊能というものは新宗教の中にもあった。しかし、従来の新宗教の場合は、この世の普通の人間の状態とは違う特別な状態を達成することに目的があるというよりは、この世の人間たちの状態を改善するための霊能という側面が強かった。

一九七〇年代以降になると、この世の人間のあり方とは違う状態へと自分が変わっていくことを求める修行であったり、心身変容を追究するものであったりする傾向が出てきた。こうした流れが発展する中で、真如苑も教勢を伸ばし、オウム真理教や幸福の科学などが登場し、多くの若者を魅了する事態も生じたのだった。

†新宗教の新たなナショナリズム

新宗教とナショナリズムは結びつきが深い。戦前の習合神道系の新宗教は多くの場合、日本の国土と不可分の神が世界を救うという観念をもっていた。日蓮系の新宗教の場合も、日本が特別な使命をもっていて世界を救うという観念をもっていることが多かった。どちらも天皇崇敬と「国体」(万世一系の国体)の観念と結びつくこともあり、それは国家神道のナショナリズムと合体するものだった。

昭和前期に基盤が形成された教団の場合、国体論的なナショナリズムを維持している場合が多い。二〇一〇年代になって自民党の右派と結びついて政治的影響力が注目されるようになった日本会議(第5章参照)は、宗教勢力がその一角をなしている。その支持母体の教団として名を連ねている新宗教教団には、霊友会、仏所護念会、念法真教、解脱会など、昭和初期から戦時中に基盤が形成された教団が多い。

第二次世界大戦後には新宗教のナショナリズムはさほど目立たなかった。「悲惨な戦争を経験した日本の宗教こそ平和を掲げ、それによって世界平和に貢献する使命をもっている」といった平和主義的なナショナリズムが主流だった。だが、一九七〇年代以降に発展した新たな新宗教になると、日本の独自性を掲げその精神的優位を誇るようなナショナリズムが浮上してくる。幸福の科学について、塚田穂高『宗教と政治の転轍点――保守合同と政教一致の宗教社会学』(花伝社、二〇一五年)によって述べていこう。

幸福の科学は東大法学部を卒業し、商社に勤めていた大川隆法が一九八六年に創始した教団である。霊界と霊的存在の実在性を強く主張する点に特徴がある。霊界は何次元にも分かれていて、四次元の幽界までは普通の人が帰っていく世界だ。五次元が善人界、六次元が光明界、七次元が菩薩界《ぼさつかい》、八次元が如来界《にょらいかい》となる。歴史上の著名な宗教者や思想家、偉人らはほとんどがこの中にいるとされる。

†大川隆法の説く日本の偉大さと使命

九次元が宇宙界で救世主の世界であり、ゴータマ・シッダールタ(釈迦)、イエス・キリスト、モーセ、ゼウス、マヌ、ニュートン、ゾロアスター、孔子、エンリル、マイトレーヤの一〇の存在がいる。この中の釈迦の本体意識が「エル・カンターレ」で「最高大霊」とされる。この意識はさまざまに転生してきており、今、大川隆法として地球―日本に下生《げしよう》しているのだという。

幸福の科学の基本的な信仰が語られている書物が一九八七年に、『太陽の法』、『黄金の法』、『永遠の法』として刊行されている。その『太陽の法』には、「未来の文明も、これから私たちが、この日本で、神理の太陽を昇らせることが前提条件となっているのです。世界が闇《やみ》に沈んだときに、日本が、太陽となって輝くのです。この時代、この日本の国に生まれているみなさんは、そういう意味において、選ばれた方がたなのです」と述べられている。

また、『黄金の法』によると、人類の歴史には、「ある一定の時期に、一定の地域を中心に、異常にレベルの高い人々が」現れることがあるのだという。そして、日本では、二七〇〇から八〇〇年ほど前に、天照大神を中心として多数の諸如来、諸菩薩が輩出し、「大和の国の基礎となる神政政治」を行っていたという。そして、西暦二〇二〇年頃から二〇三七年頃に、日本は「現代のイェルサレムとなり、世界のメッカ」となるのだという。

†霊界の実在性が強調される世界観

このように幸福の科学では、日本だけが特別な神聖性をもっていたわけではない。ただ、記紀神話が伝えるようなすぐれた宗教性が現れた時期が過去にあり、また、今、大川隆法の出現によって新たな日本の黄金時代が来ているということになる。したがって、将来はまた霊的な栄光は日本から離れていくという。「二〇三七年頃、偉大な光の人が没します。そして、神理の光は、やがて、南のほうへと受け継がれてゆくのです」と。このナショナリズムにおいて、実際の日本そのものに高い価値が付与されているわけではない。

それは現実界よりも霊界にこそ真の実在性があると考えられていることと対応しているだろう。九次元の救世主の世界や釈迦やエル・カンターレこそが、本来的な実在であって、日本や天照大神や天皇は、神聖であるとしてもその神聖性の次元は一段と低く、ローカルで一時的なものにとどまると考えられている。この意味で幸福の科学の世界観は、オウム真理教と同様に現世離脱的と特徴づけてもよいと思われる。

ここで思い起こされるのは、大川隆法の死と来世についての考え方である。「来世に賭ける」(『幸福の科学』一九九一年七月号)の冒頭には、次のような叙述がある。

この世のみの損得しか考えない人は、真の富者とはいえない。
この世のみの成功しか考えない人は、真の成功者とはいえない。
なぜなら、死後の世界は厳然としてあり、
天国と地獄のどちらかを
選ばなくてはならないからだ。
地獄を選んで得をしたとは言えまい。
地獄に堕ちて成功したとは言えまい。
天国に入ってこその富者であり、
天国に還ってこその成功者である。
来世に賭けるには、
反省と布施の精神が重要だ。
この二本の鍵で天国の門は開くのだ。

ここだけを見ると「現世救済」の宗教とはほど遠く、来世志向の宗教のようにも見えるかもしれない。しかし、霊界に還っても、また繰り返し、この世に生まれ、そこで修行を重ねるというのであり、現世志向の一面もあることも確かだ。

幸福の科学学園中学校・高等学校（栃木県那須町）が二〇一〇年に、幸福の科学学園関西中学校・高等学校（大津市）が二〇一三年に開校しており、前者は全寮制だ。幸福の科学大学の設置を二〇一四年度に申請して却下され、二〇一五年から、無認可校、ハッピー・サイエンス・ユニヴァーシティとして学生を受け入れてきたが、二〇一九年度の再申請によってもなお認可されなかった。

新宗教と新宗教以後のスピリチュアリティ

†新宗教の衰退傾向と海外での展開

第11章、12章では新新宗教ともよばれた新世代の新宗教について見てきた。二〇一〇年代に入って昭和期が発展期だった新宗教（「旧」新宗教）の衰退傾向が目立つようになったのは確かだ。それらにかわって新世代の新宗教が一定の発展を遂げた。だが、それらの勢力はそれほど大きなものではない。大局的に見ると、新宗教全体の勢力は停滞しており、むしろ後退が進んでいるといってよいだろう。

といっても、そのまま衰退へ向かうのかといえば、そう言い切ることもできない。一定の規模での存続が予想される。これは伝統的な宗教、既成仏教教団や地域の神社がそうであるように、規模は縮小しながら安定した存続を続けていく段階に移りつつあるとみることもできるだろう。

新宗教についての比較的楽観的な見通しの材料としては、海外での信徒数の推移がある。ブラジルの報道週刊誌、『VEJA』は、一九九〇年三月二八日号に「太陽の神々——地上の天国と現世での繁栄を約束する東方の諸宗教の発展」と題された記事を掲載した。それによると、ブラジル国内の生長の家の信徒は二五〇万人、世界救世教とPL教団の信徒はそれぞれ二五万人、創価学会の信徒が一五万人に達するという。この記事には記されていないが、同時期に崇教真光も数万人の信徒がおり、霊友会には四万四〇〇〇人の信徒がいたとしている。それより小さな規模の小さな教団は他にもあり、ブラジルで日系人が始めた伯国観音寺院、稲荷会のような教団もあり、非日系人の信徒が多いとされる（拙著「日本の新宗教の異文化進出」『現代救済宗教論』第八章）。

当時、ブラジルの日系人は約八〇万人、非日系人との混血を加えて一一〇万人といわれるが、日系新宗教の広がりは日系人社会をはるかに超えている。一九八〇年代、ブラジル日系人の約一割は生長の家の信徒とされるが、女性信徒の集いである白鳩会《しろばとかい》の会員のうち、「ポ語部」（ポルトガル語部）に属する者と「日語部」（日本語部）に属する者の比率は、およそ三対一とされる。では、ブラジルの生長の家の信徒、とくに非日系人はいつ入信したのか。ブラジルの生長の家は戦前から活動していたが、その対象はもっぱら日系人だった。一九六七年には信徒数、一万五〇〇〇人と推定されていた。ブラジルの生長の家の非日系人への急速な広がりは、一九六〇年代末からのちのことだった。

†世界各地への広がり

ブラジルは日本の新宗教がもっとも布教に成功した地域だ。世界の他の地域ではどうか。もっとも布教に成功している創価学会を例にとると、北米の信徒数は、一九八五年で三三万三〇〇〇人だったが（拙著『現代救済宗教論』）、二〇一〇年には三五万二〇〇〇人、二〇一八年でも三五万二〇〇〇人とされており、国内と同じく頭打ちのように見える。だが、アジア・オセアニアでは、二〇一〇年には一〇〇万二〇〇〇人だが、二〇一八年には一四二万人と、欧州では、二〇一〇年には七万一〇〇〇人だが、二〇一八年には一三万人と報告されている。海外メンバー全体の数は、二〇一〇年には一六九万一〇〇〇人だが、二〇一八年には二二〇万人とされている（『SOKAGAKKAI ANNUAL REPORT』創価学会広報室）。

創価学会の海外への布教は北米と韓国が早く、アメリカ合衆国の創価学会（NSA）の拠点は一九六〇年代に形成されている。一九六四年にはすでに英語による座談会が行われ、『World Tribune』誌が刊行されるなど、非日系人への浸透は早かった。一九七五年にすでに公称信徒数は二四万五〇〇〇人に達していた。NSA自身による一九七〇年の調査では、人種別を東洋系と答えた人は、すでに三〇パーセントにすぎなかった。その後の信徒数の増加は多くないが、二〇〇一年にはカリフォルニア州にアメリカ創価大学（ＳＵＡ）を設立するに至っている。奨学金制度が充実しており、世界各国からの留学生が学生のおよそ半数を占めるという。

また、韓国の宗教研究者の二〇〇三年から〇五年にかけての調査によると、韓国では、天理教、金光教、本門佛立宗、日蓮正宗、韓国ＳＧＩ（創価学会インターナショナル）、霊友会、立正佼成会、辯天宗《べんてんしゅう》、世界救世教、真如苑、善隣教《ぜんりんきょう》、イエス之御霊《みたま》教会、ヤマギシ会など日本から一八の新宗教教団が活動しており、公称信徒数の合計は約一九〇万人という（渡辺雅子『韓国立正佼成会の布教と受容』東信堂、二〇一九年）。この中では、創価学会の割合が約一四九万人と断然大きい。小規模ではあるが、定着が進みはじめたとみなせる例では、立正佼成会も一九七九年から布教が始まり、二〇〇四年までに二七〇四世帯が加入したという。まだ、今後、拡充の可能性があるかもしれない例である。

†新たに海外から流入する宗教

他方、日本に住むようになった外国人の数（外国人登録者数）は、一九九〇年に一〇七万五三一七人だったが、二〇一七年には二一七万二八九二人と増大している。これに伴って、日本の伝統宗教、および日本で形成され発展してきたキリスト教や新宗教とは異なる宗教も増えてきている。イスラーム教徒の数は二〇一〇年代中頃に外国人ムスリム一〇万、日本人ムスリム一万の合計一一万人と推定されている（三木英編『異教のニューカマーたち――日本における移民と宗教』森話社、二〇一七年）。

日本人が海外から入った救済宗教教団に入信する例は、明治維新以降、欧米諸国からのキリスト教によるものが多かったが、近年は韓国のキリスト教の宣教が盛んである。韓国で海外渡航が完全自由化されたのは一九八九年で、それ以後、日本国内での韓国系のキリスト教会の設立は増大した。二〇一〇年頃で二〇〇以上の教会があるが、信徒数の推定は困難だ。

スリランカなどの上座仏教は南アジアや東南アジア出身で日本に住む人々のために宗教施設をもっている場合が多い。その中で、スリランカ人であるアルボムッレ・スマナサーラ長老が指導する日本テーラワーダ仏教協会は一九九四年に設立され、日本人への布教に積極的で、二〇一〇年代中頃で約二〇〇〇人の会員がいる。いくつかの地域で勉強会が行われており、サンガによる出版を通じての浸透も進んでいる。

サンガはスマナサーラ長老の書物とともに、二〇一〇年から仏教季刊総合誌『Samgha Japan（サンガジャパン）』や『グーグルのマインドフルネス革命』などの人気書籍を刊行し、高学歴層によく知られている。一九七〇年代、八〇年代に阿含宗をバックにした平河出版社が精神世界と東洋思想の領域でよく知られる出版社になっていたことを思い起こさせる。

二〇一〇年代になって欧米経由で仏教由来のマインドフルネス瞑想が日本に輸入され、医療や心理学や企業研修などで急速に広まった。日本テーラワーダ仏教協会で重視されるヴィパッサナー瞑想とマインドフルネス瞑想は連関が深く、その面からも日本テーラワーダ仏教協会の影響力は今後も増大する可能性がある。

以上見てきたように、近年、海外から新たに入ってきた人々が開いてきた宗教教団の中には、日本人が信徒となるものもある。それらは日本の宗教地形の上から見ると、新宗教に近い性格をもっているといえるだろう。キリスト教、イスラーム、仏教という世界の三大救済宗教伝統の系譜を引く宗教集団が、それほど大きなものではないが、新たな波を起こしているということはできるだろう。

†日本における救済宗教の位置から見た新宗教

新宗教の勢力後退は確かに進んでいるが、だからといって日本人の宗教性や日本で生まれた新宗教が急速に弱まり、消えていくと予想されるというわけでもない。これを救済宗教の影響の根強さという観点から捉えていく視点も必要だろう。第10章でも述べたように、新宗教は救済宗教である。苦難や限界状況、あるいは死や悪という合理的には解決できないものに向き合うものであった。近代科学の世界像が広まった時代には、この救済宗教が約束する救済を一面ではなかなか信じにくくなっている。たとえば、来世における救いだ。来世の実在を素朴に信じるというのは容易ではなくなってきている。

そうかといって、苦難や限界状況は少なくなるものではない。たとえば、死という人類にとっての難問に、宗教以外の応答法があるかというと、なかなか提示しにくいものだ。まったく宗教なしに死というものに向き合う、死の儀礼をすることもあるにはあるが、なかなか大きな流れにはならない。この世の欲望や力関係で評価されるものを超えた次元として「死の彼方」の信仰が機能していたとすると、それがないという世界観で事足りるというものでもない。

世俗化が進んだと思われるヨーロッパでも、死後の魂の存続について否定する人の割合はなかなか減らない。来世や霊界の信仰を強く主張する宗教が力を伸ばしているとみることもできる。世界的にいえばイスラームがそうであり、国内でいえば、真如苑や幸福の科学、エホバの証人や統一教会が例として挙げられよう。

超越的な次元を提示する思想は、今なお伝統的宗教に多くを負っている。

世界の宗教人口という観点から見てみよう。キリスト教の影響力は欧米では低下の傾向があるとしても、世界的に見ればキリスト教人口が大きく減少するようには見えない。キリスト教の力が後退しているように見える欧米では、仏教に惹かれる人が増えている。そして、イスラームの人口は増大しており、そう遠くない将来に、イスラーム人口はキリスト教を追い抜くかもしれない。救済宗教の根強さ、また来世信仰の根強さについてよくよく理解しておく必要がある。

†儒教・国家神道との関係から見た新宗教の後退傾向

では、日本の場合はどうか。そもそも東アジアでは、救済宗教が国家を支える精神文化の基軸ではなくなる時期が早かったという歴史がある。国家の上層階級の人々を支える思想として儒教の影響が次第に上昇していった。中国では宋の時代（九六〇―一二七九年）からそうした動きがあり、李氏朝鮮（一三九二―一九一〇年）ではそれが目立った。日本の江戸時代には武士が次第に儒学を身につけるようになり、また、貴族や武士でも、農民の間でも神道の力が増していった。神道は救済宗教に展開する潜在力をもっており、黒住教、天理教、金光教、大本などへと展開する側面もあったが、他方、救済宗教とはいえない国家神道への展開も進んだ。救済宗教は在野の多様な団体としての性格を強めていった（第

8、9章、参照)。

こうした東アジア的な宗教地形を反映して、近代日本では伝統仏教に加えて、新宗教という形で救済宗教の数は増大したものの、国家体制や公共空間という点から見ると、救済宗教の影響力は限定的とみてよいだろう。公明党を結成して一定の政治的影響力をもつに至った創価学会の発展は注目すべきものだが、創価学会を日本全体の宗教や精神文化という点から見るとマイノリティであるのは明らかだ。その創価学会の勢力も後退が目立つことは、第12章で述べたとおりだ。

政権与党の中核である自民党の有力な支持勢力である日本会議も、新宗教教団が有力な支持基盤になっている。だが、日本会議に名を連ねる新宗教教団の勢力は新宗教全体から見て、さほど大きなものではない。その中に教勢が上向きで目立つ教団が含まれているわけでもない。むしろ宗教集団が国家神道に従属しているとみなければならない側面もある。日本の場合、欧米諸国と同様、救済宗教の影響力の後退が見られ、新宗教の勢力の後退もその傾向を強く表しているとみなければならないだろう。

†精神世界とスピリチュアリティ

では、新宗教に向かっていた人々の心は、どのような方向へと向きを変えているのだろうか。第11章の末尾では、一九七〇年代から「精神世界」に対する志向が広まり、「スピリチュアリティ」とか「霊性」といわれるもの、あるいは「癒《いや》しの思想」とされるものへと人々の関心が移っていったことについて触れた。この章では、こうした「救済以後」の動向、つまりは「新宗教以後」の精神文化の動向について見ていきたい（拙著『精神世界のゆくえ』、同『スピリチュアルの興隆』、同『現代宗教とスピリチュアリティ』、参照）。

日本の書店で初めて「精神世界」というセクションができたのは一九七八年である。「精神世界」という語は翻訳語ではなく、日本でつくられたものだ。「宗教」と関わりが深いが、今や過去のものとなりつつある組織的「宗教」と異なり、現代人の知性や感性に合致した何かとして掲げられはじめた。「宗教以後」を旗印とするものも多い。それはまた、抑制を失った欲望追求や閉塞的な合理性をもたらした近代文明のあとに来たるべき、新たな文明への希望に彩られてもいた。その後、大きな書店では「宗教」書のセクションの隣に「精神世界」の本のセクションが置かれ、若者はどちらかというと「宗教」よりも「精神世界」の方に引き寄せられるようになっていった。

一九七〇年代には次第に若者の関心が政治から宗教へと力点を移すようになった。ベトナム反戦運動や反公害運動が盛んだった時期から、瞑想やボディワークや心理療法による自己変容を求める内向の時期へと展開した。アメリカ合衆国では一九六〇年代のカウンターカルチャーの時代から、代替的スピリチュアリティを追求する一九七〇年代へと展開したが、日本でもそれに少し遅れながら同様の展開があった。日本で「精神世界」とよばれているものは、北米で「ニューエイジ（New Age）」とよばれたものと大幅に重なり合うものであり、相互影響関係も小さなものではなかった。

†一九八〇年代、九〇年代の展開

八〇年代はこの潮流を大きく発展させた。初期の「精神世界」は非主流の文化として進歩的メディアの一部に登場したり、前衛的な意識をもつ人々のミニコミ的なネットワークを主な情報流通の場とするなどしていた。八〇年代になると、それは大衆娯楽文化で大いにもてはやされるようになる。宮崎駿の『風の谷のナウシカ』の連載が始まるのは一九八二年、中国からの「気功《きこう》」が大流行するのも八〇年代である。さらには、メジャーな文化へと徐々に食い込んでゆき、有力な雑誌や大学の講壇や病院・福祉機関の実践の場に実質的な影響を及ぼすようになる。

たとえば、ニューサイエンス、身体・心・魂の連関した成長、癒し、終末期医療（緩和ケア）といった領域で「精神世界」的な考え方や「スピリチュアリティ」（霊性）に関わる語彙は真剣な検討の対象となっていく。一九七八年には平河出版社から刊行されていた季刊『メディテーション』で「精神世界の本800」が特集され、哲学・宗教・文学の広い分野の本までそこに含まれていた。東京青山にあって精神世界専門の書物等を販売しているブッククラブ回が編集し、一九九九年一二月に刊行した『精神世界総カタログ2000——専門書店が選んだ、心と人と世界をめぐる本』(ブッククラブ回)では、一〇五八八冊が挙げられている。メディアへの浸透も進んでいく(堀江宗正『ポップ・スピリチュアリティ』)。

これに対応して、運動体として、あるいはビジネスとして「精神世界」的なものの普及に取り組むものが多数登場する。ヨーガ、気功、気づきのセミナー、意識変容のセラピーといったものが次々とシェアを拡大し、人々の人生史の転換点に関わるようになる。これらにおいて、「死」や「悪」はあまり問題にされない。限界に直面せざるをえないからこそ超越を求めるという「救い」の理念もほとんど見られない。かわって「自己変容」や「高次の意識に至ること」、あるいは「解放」や「癒し」が目指される。

九〇年代に入ると、もはやこれは対抗的な文化であるとか、若者の文化であるとかいえないものとなった。そうした要素を残してはいるものの、主流文化のさまざまな側面との間にも多くの接点が生じる。文化的アイデンティティの源泉としての役割も増大し、大組織のうちにも確固たる場所をもつ例が見られるようになった。日本や東アジアの文化には「宗教」とは異なる「精神世界」的なものや「スピリチュアリティ」と元来親和性があると主張されることも多くなった。船井幸雄が代表するように、新しい経営戦略の中で「精神世界」的なものが希望の提供者として遇されることも増えた。他方、小さな集団やネットワークで地味な活動を続けていこうとする人々の姿も目立つようになった。

一九九〇年代以来、私はこれらを「新しいスピリチュアリティ」の運動や文化、すなわち「新霊性運動」、「新霊性文化」として捉えようとしてきた。だが、「自己変容」や「解放」や「癒し」を志向するこうした動きとともに、「死」や「悪」、また「痛み」への共鳴に力点があるスピリチュアリティの新たな興隆も見られる。新宗教の後継者としては、この「新しい痛みのスピリチュアリティ」、スピリチュアルペインに力点がある動きも重要である。それはまた、痛みの共同性を重んじる動きでもある。これらは伝統的な救済宗教と新宗教の双方を含めて、「救われるべき存在」という救済宗教の思想のある側面を継承している。以下、この動向についても、少し述べておきたい。

†アルコホリック・アノニマスと12ステップ・グループ

比較的持続的な共同体的関係が維持されやすいスピリチュアリティの新たな形態の一つに、セルフヘルプ・グループがある。アルコール依存症者の自助団体、アルコホリック・アノニマス（AA）から始まった12ステップ・グループは、日本でも一九九〇年代には、摂食障害などさまざまな病気や心理的葛藤に苦しむ人々のセルフヘルプ・グループを形成していった。フェミニズムのスピリチュアリティと連携する傾向も生じた。12ステップとは自ら力の限界を悟り、自己放棄しながら「神」あるいはハイヤーパワーとよばれるような存在にすべてを委ねるように説くものだ（葛西賢太『断酒が作り出す共同性』）。アルコホリック・アノニマスの12ステップの前半は次のようなものである。

1　私たちはアルコールに対し無力であり、思い通りに生きていけなくなっていたことを認めた。
2　自分を超えた大きな力が、私たちを健康な心に戻してくれると信じるようになった。
3　私たちの意志と生き方を、自分なりに理解した神の配慮にゆだねる決心をした。
4　恐れずに、徹底して、自分自身の棚卸しを行い、それを表に作った。
5　神に対し、自分に対し、そしてもう一人の人に対して、自分の過ちの本質をありのままに認めた。
6　こうした性格上の欠点全部を、神に取り除いてもらう準備がすべて整った。

ここに「神」と記されているものをキリスト教の神と受け止める必要はない。それぞれの当事者がそれぞれの仕方で、よびかけることができるような何かでよいという。救済宗教を引き継ぎながらもその枠を超えたようなスピリチュアリティが前提とされている。

集会では匿名の参加者たちが、スピリチュアルな経験を語り合うが、その最後には「平安の祈り」が唱えられることが多い。

「平安の祈り（Serenity Prayer）」はプロテスタントの神学者、ラインホルド・ニーバー（Reinhold Niebuhr）によるものだが、キリスト教の文脈を超えて広く用いられている。その内容は以下のとおりである。

"O God, give us/serenity to accept what cannot be changed,/courage to change what should be changed,/and wisdom to distinguish the one from the other.

なお、日本の12ステップ・グループでふつうに用いられているのは、以下のような訳である。

「神さま私にお与え下さい／自分に変えられないものを受け入れる落ち着きを／変えられるものは変えていく勇気を／そしてその二つのものを見分ける賢さを」

ニーバーは高名なプロテスタントの神学者だが、この祈りは特定宗教という枠を超えて、広く用いられるようになった。「落ち着き」「勇気」「賢さ」を求める祈りは、どこか仏教に通じるようにも感じられるだろう。

†斎藤学と「魂の家族」

アルコール依存症者の子供たちが立ち上げ、ドメスティック・バイオレンス（DV）や摂食障害などさまざまなトラウマサバイバーの運動にも発展した「アダルト・チルドレン」のセルフヘルプ運動は、日本では一九九〇年代の中頃に精神科医の斎藤学《さとる》によって、世に広められた。

斎藤はセルフヘルプ運動が「魂の家族」を形成するといっている。ただし、それは血縁による家族ではなく、「問題縁」による家族なのだという。この語を用いると、セルフヘルプ・グループは取り組まざるをえない特定の困難な「問題」を共有しているために持続的な関係、すなわち「縁」を形成しようとした人々の集まりということになる。救済宗教では人類が共有する「苦難」を克服するために、すべての人がよびかけの対象となり、「信仰する者」の共同体が形成された。

これに対して、セルフヘルプ・グループでは、限定された範囲の人々が、限定された問題に取り組むことを通して、スピリチュアリティに親しむ。救済宗教が形成する共同体に加わることが好まれなくなり、このような限定がないと持続的な関係が形づくりにくい。「新しい痛みのスピリチュアリティ」は、こうした状況においてこそ広まっているのだ。

一九七〇年代以降に発展した「癒し」や「自己変容」のスピリチュアリティや、一九九〇年代から二〇〇〇年代にかけて発展した「痛み」のスピリチュアリティは、新宗教を引き継ぐ宗教性の現れとみることができる。新宗教の重要な構成要素だった「病気なおし」や「心なおし」のいくばくかがそこに受け継がれていた。しかし、これらには世直しの要素は乏しかった。共同性が社会の多様な人々の苦悩や希望につながるような広がりをもつものが少なかったようだ。終章では世直し的な側面をもつ「新しいスピリチュアリティ」に触れたい。

終章　「救い」にかわるものを求めて

†水俣病と「本願の会」

新宗教から「新宗教以後」への展開を展望してきたが、最後に世直し的な方向をもった「新しい痛みのスピリチュアリティ」について見ていこう。興味深い例として、水俣病の被害者たちのケースがある。水俣病の被害者たちを中心に一九九五年「本願《ほんがん》の会」という団体ができる。加害企業であるチッソが、水俣病の原因となった有機水銀を含んだ工場廃水を垂れ流した場所が埋め立てられエコパークとなっていくとき、そこに「野仏（魂石《たましいいし》）」をつくっていく活動を行い、『魂うつれ』という雑誌を刊行してきた団体だ。

石牟礼道子はこの野仏を置くことを決めていった本願の会の人々を「田上《たのうえ》義春、浜元二徳《つぎのり》、フミヨ、杉本雄《たけし》、栄子、緒方正人、隅本栄一、岩本広喜（九五年没）、佐々木清登さんら十七名」とし、その考えを次のようにまとめている（「たとえひとりになっても」『魂うつれ』創刊号、一九九四年)。

なぜ百間《ひやっけん》埋立地に置きたいか。漁民たちにとってそこは母の胎のようなところである。永久に水銀を抱えて呻吟している、母親の心音にぴったりと耳を当て、祈りの場所として地蔵さまを置く。この気持は、自分の躰の中に水銀を抱え込んで、それを追い出すことの出来ない苦悶の中に、日夜置き放されている身でないとわからない。同じ苦しみを苦しんでいる母なる百間港ならば、われわれを抱きとってくれるだろう。

宗教学者の萩原修子は「生み落とされることば、手渡されていくことば――水俣病事件と「本願の会」」という論考においてこう述べている。「この会は仏教用語の「本願」を冠し、「いのち」や「魂」、「祈り」について語るゆえに、一見極めて宗教的である。しかし、その営み、会員の語ることばは宗教とは一線を画し、それを拒絶している」(二〇六ページ)。この団体には作家の石牟礼道子も参加しているが、他はかつて漁師だった人たちが多い。その一人、杉本栄子(一九三八-二〇〇八)の例を見ていこう(石牟礼道子の杉本栄子への思いは、『無常の使い』に記されている)。

水俣は長期にわたって分断に苦しんだ。チッソという企業を守り、水俣の評判を落としたくない人々と、患者や家族や支援者の間に厳しい軋轢が続いた。ようやく一九九〇年代に入って、そこから謝罪と和解への道が拓けてくる。それが「もやい直し」とよばれている歩みだ。漁師が船を綱でつなぐ、それが「もやい」だ。分断を超えて絆の回復を進めていくのが「もやい直し」である。これは「世直し」の新しいビジョンの一つともいえるだろう。このもやい直しの課程で重要な役割を果たした水俣病患者の一人が杉本栄子である（拙稿「ふるさとと神仏のゆくえ」二六—二九回）。

†杉本栄子のスピリチュアリティ

栗原彬編『証言　水俣病』（岩波書店、二〇〇〇年）に収録された杉本栄子「水俣の海に生きる」には、まず自分の生い立ちとともに、水俣沿岸地域にあるかつての漁師の集落、茂道《もどう》の人々の生活のあり方が描き出されている。そこでは、暖かい相互扶助が成り立っており、苦楽を分かち合いながら、リーダーシップも大切にされた。少なくとも栄子にとってはそうだった。鹿児島生まれで連れ子の栄子だが、「一人娘でしたから、もう三歳のときから父に漁を教え込まれてきました。父は網の親方として、三〇人も四〇人もの網子《あみこ》を使いよったっですが、私にとって一人前の大人になることとは、まず、その網子たちにご飯を食べさせていくことでした」（一三〇ページ）。網子の家族とも親子兄弟のように親しみ合った生活だった。
「うちの父は、部落の人みんなから「おっちゃん」と呼ばれとったもんで、私もそう呼びよったんです。とても優しい父でしたけど、一番恐かったのは、喧嘩《けんか》に負けて帰れば絶対飯を食わせてもらえませんでした」（一三〇―一三一ページ）。男どもと対等に渡り合う喧嘩を繰り返した栄子だが、「そげん楽しい部落で、部落中が親戚の集まりのよう」だった。半農半漁で農業の仕事も共同で行い、どの家にも鍵がかかっていない。「「ひだるか（ひもじい）」ちいえば、そこの家で食べさせてくれる。「おっちゃん、あすこん家《ち》には何もなかったっばい」ちいえば、「なら、うちんとを持って行ってこんな」ち。そげんよか部落でした」（一三一ページ）。

この人情味あふれ助け合い支え合いをよしとするはずの部落が、水俣病によって一変していった。栄子の母、トシが一九五九年七月という早い段階で発病すると、一家は人々から忌避される存在となった。翌日から父と娘は村の表道を避け、鎌を持って草を払いながら母がいる病院の隔離病棟に通うようになった。やがて父も娘も水俣病の症状に苦しむようになる。そんな中でも、流産の後、子供が生まれる。ところが、長男が生まれたので孫に会いたいと、病院から一時的に帰ってくる母が、隣のおじさんに崖から突き落とされるということまで起こった。その人は母が仲人をして嫁をもらった人だったのだ。このとき、栄子は父から学んで、ある信念をもつようになる。水俣のその後の精神史に大きな影響を及ぼすような経験である。

†「自分が変わっていけばよかがね」

『証言　水俣病』の「水俣の海に生きる」には次のように記されている。

私はもう悔しくて、父がいい出せばいつでん喧嘩に行くぞって覚悟しとったっですばってん、そんときの父は、やり返して来いとはいいませんでした。「仕方んなかがね。どうせ死ぬとなら、人ばいじめて死ぬよりもいじめられて死んだほうがよかがね」ち。そして、「人様は変えならんとやっで（変えられないから）、自分が変わっていけばよかがね」ち、父の答えがそげんだったです。だから、本当に悔しいことはいっぱいありましたが、人にやり返すことはしませんでした。（一三六ページ）

言語に絶する無念さを胸に、その後、五〇年に及ぶ栄子の水俣病との取り組みがある。結婚、父と栄子夫婦の発病、五人の男子の子育て、原告家族としての裁判、新たないじめ、支援者との共闘組織の結成、漁業への復帰、そして「本願の会」の発足などがなされていく。漁業ができない時期には、茂道で「えい子食堂」を始めた。「漁師ちゅうのは飲ませてしまえば、本当に元の人間のよかときに返るんです。そんなことで「えい子食堂」をしたんですけれども、徐々に部落の人たちが来られて、少しだけ飲んで、「栄ちゃん、こらえんな。今までのことこらえてくれ」ち、みんな土下座して謝ってくれました。そんときは、ああこの人もつらかったんだなって。そして、亡くなった人たちも「栄ちゃん、ごめんね」って詫びながら死んでいったちゅうことを家族の人から聞きました」。(一四〇ページ)

その過程で、「自分が変わっていけばよかがね」という考え、また、水俣病をさえ賜物として受け止める「のさり」の考えが練られていった。藤崎童士『のさり――水俣漁師、杉本家の記録より』によると、「のさり」は「自分が求めなくても天の恵みを授かった、という熊本の漁師言葉であるが、現在でも、杉本家では大漁不漁という言葉は滅多矢鱈に使わない」「海に行く、運よく大漁に恵まれれば「のさった」と言う。不漁のときには「のさらんかった」という。そして「明日はもっとのさろう」と己の心を奮い立たせる」(五ページ)。漁に関わってよく用いられるこの言葉は、どのように水俣病と関わるのか。「本当の不漁の怖さを知っている雄と栄子は、不治の病である水俣病すらも、天から授かった〈のさり〉と受け入れることで、日々繰り返される痛苦を前向きに捉まえ、憎しみも悲しみも心の底に収めてきたのだ」（五一六ページ）。その背景に何があったか。栄子はまず、かつての茂道の村ごと家族のような暖かい絆があったことを挙げる。だが、その絆は水俣病の一撃によってもろくも崩れ、恐ろしい、また情けない差別と分断に苦しむ日々が続いた。リーダーたるべく育てられ、喧嘩をする構えができていた栄子であるが、そこで周囲の人々に「やり返す」という道はとらなかった。このような過程そのものが思いがけない恵み、つまり「のさり」であり、そう受け止めることによって自分が変わり、差別と分断を超える道が見出されていった。

†杉本栄子と立正佼成会

一九六九年の父の死のしばらくあとに、杉本栄子は立正佼成会に入会し、法華経による先祖供養の実践を始めた（篠崎友伸「いい「つながり」――水俣地元学へ」『国際宗教研究所ニュースレター』第六五号、二〇一〇年一月）。二〇〇九年、水俣へのエコツアーに参加した立正佼成会本部の役職者である篠崎友伸は、水俣地元学の創始者である吉本哲郎から、「水俣病問題で苦しんだ水俣が、過去の正負の物語を丸ごと受け入れ、住民協働で環境に特化して行動し元気を取り戻した中から生まれたのが地元学」との説明を受け、感銘を受けた（四二ページ）。

吉本から聞いた話でとくに篠崎の心を打ったのは、杉本栄子のことだった。杉本の言葉として教えられた、「人様は変えられないから自分が変わる」、「人様を恨まない」などの言葉に、「仏性礼拝行の生き様が見えた」。そこで、栄子の資料を集めて帰ってきた。そして間もなく、東京杉並の立正佼成会本部大聖堂で、水俣地元学と杉本栄子の生き様のことを話した。ちょうどそこに水俣の立正佼成会の幹部が来ていて、杉本栄子の一九八五年の「体験説法」のコピーを見せてくれた。偶然、出てきたものとのことで、不思議な符合を感じたという。こうして杉本栄子の立正佼成会との関わりが見えてきた。

栄子が立正佼成会に入会したのは一九七二年の五月のことだった。「ある朝方私は夢を見ました。仏様の使ひだと云ふ方が枕辺に現はれて〝あなたを救ひにきました〟と申されます」。ちょうどその日の夕方、立正佼成会熊本教会の二人が「お導き」に来た。亡くなった父の供養を勧められ、栄子はすぐ入会した。

　しかしそれからが大変で朝夕のご供養も経典をめくる手が動きません。座る事も出来ない私は床に横になったまま一頁一頁開いてくれる主人の手を借り文字を眼で追ふ苦しさで頭痛はひどくなり頭は割れんばかり経典を読むと云っても声は出ず口をパクパクさせつまってしまふ私に、導きの親の関さんは毎日峠を越え、自転車で通って来て下さいまして…私の母の事から、同じ水俣病で亡くなられた方々の戒名を頂く様にとご指導を頂き、次に私の回りにいた豚や猫犬鳥魚をはじめとする海のいきものたち、自分にまつわる生類に対するご供養をかかさない様にとご指導頂きましたが身動き出来ない私には大変な修行でした。（四五ページ）

この体験談は立正佼成会のスタイルに合わせて語られたもので、これをすぐに当時の栄子の考えを直接に反映したものと受け取らない方がよいかもしれない。だが、確かなことは、栄子が立正佼成会の教えに共鳴し、法華経による先祖供養の実践に取り組む時期があったことである。そして、それは七〇年代のはじめから八〇年代の半ば以降へと続いていたらしい。栄子の三〇歳代の半ばから四〇歳代の大半がそこに含まれているのは確かだ。

†世直しのスピリチュアリティ

「自分が変わっていけばよかがね」とか「水俣病は〈のさり〉と思え」という言葉は、父の進《すすむ》から学んだものであり、栄子が父の言葉から自分の生き方の支えとなるものを受け取ったのはそのとおりだろう。だが、それとともに、立正佼成会が教える「懺悔」や「仏性礼拝の生き様」も助けになったと思われる。新宗教が現代的な言い回しで伝える日本の神仏信心の伝統が、水俣の「もやい直し」の先導者を支える力となったとみてよいだろう。
杉本栄子は一九九四年の「火まつり」を伴った水俣病慰霊祭で、吉井正澄《まさずみ》市長の謝罪の言葉に続いて祈りの言葉を語っている。その内容を小松原織香の研究論文による描写を借りて引く（「水俣の祈りと赦し　一九九〇年代の「もやい直し」事業を再検討する」）。

栄子は白装束に藤色の鉢巻を締め、ゆっくりと語りだす。緊張気味だった声が、読み進めるうちに、だんだんと伸びやかになっていく。……「（水俣病、水俣病患者、汚染された海を）忘れんで欲しい、覚えていて欲しい」という栄子の痛切な言葉が詠みあげられた。……死者や海の生き物はもの言えぬままに、水俣病で苦しんで死んでいった。だが、栄子が語ったのは恨みではない。感謝の言葉として「ありがとーたい」と叫んだ。闇夜に向かって、市民に謝罪や反省を求めるのではなく、自分たちは「ありがとう」と言って欲しいのだと訴える。さらに、「嬉しかこっでん、腹ん立つこっでん、悲しかこっでん、楽しかこっでん、おんのち、おっで、そっが水俣ばい」と言う。……そして、最後に「嬉しかったー」と言い、「水俣ん好きな者は、みんな、帰ってきてくださーい！」と呼びかけた。（五八—五九ページ）

少しわかりにくい方言はあるが、すべてを受け入れ肯定する言葉だと小松原は説明している。杉本栄子はまた、水俣病患者が共同で作業をする「ほっとはうす」を運営する社会福祉法人「さかえの杜」の初代理事長として、そこに祭壇を設けて「魂入れ《たましいいれ》」の行事をするなど、祈りの場を尊ぶ人でもあった。

†「自分が変わっていけばよかがね」と「もやい直し」

杉本栄子の例は、新宗教の信徒となって教団の教えにそった語りをしたこともある人が、その後、新宗教とは異なる場で独自の苦難と悲嘆、それらを引き受けて新たな自己理解と和解と包摂の生き方を身につけ語るようになっていく過程を示すものだ。この例は新宗教と「新宗教以後」の世直しのメッセージをはらんだスピリチュアリティを示す特殊な例だが、示唆するところが大きいものである。

「自分が変わっていけばよかがね」とか「のさり」という言葉に代表される杉本栄子のスピリチュアリティは、多くの人々の心を捉え、水俣病の「もやい直し」を進める動きの一部ともなった。新宗教教団の外で、杉本栄子自身の語彙・語法で語られることによって、その言葉の力はたいへん大きなものとなった。だが、それは新宗教教団の集いの中で培われたものでもあった。杉本栄子の個人史の中に、私たちは日本の伝統社会から現代的な個人のスピリチュアリティが顕現する時代への変化をみることができるだろう。近代日本の精神文化の歴史の中で新宗教の位置を見ていくときには、このような視角が必要となるだろう。

「宗教からスピリチュアリティへ」という変化については、第11章で少しふれ、第13章でやや詳しく論じた。私自身は、これまでも「精神世界」や「新霊性文化」について、『精神世界のゆくえ』、『スピリチュアリティの興隆』、『現代宗教とスピリチュアリティ』などの書物で論じてきた。本章では、「精神世界」や「新霊性文化」とともに、セルフヘルプ・グループや、水俣病の被害者たちのスピリチュアリティについて紹介してきた。これらは痛み（スピリチュアル・ペイン）とネットワーク的な共同性に特徴がある新しいスピリチュアリティである。

こうしたスピリチュアリティは、一九八〇年代以来、グリーフケアや死生学といった分野とも関わって関与者が増してきている（拙著『日本人の死生観を読む』、同『ともに悲嘆を生きる』）。これらは、人間の苦悩や現世の限界に向き合い、それを超えた次元との関わりを重んじる文化の新たな形態とみることができる。

二〇一一年の東日本大震災と福島原発災害、二〇二〇年以降の新型コロナウイルス感染症の流行は、人間の力の限界を露わにし、現代文明の驕りをあらためて省みる機会となったように見える。救済宗教の近代的な形態としての新宗教の後継者として、こうした新たなスピリチュアリティの諸形態にも注目していく必要があるだろう。

あとがき

天理教と金光教の教祖伝の研究をしようと思い立ったのは、一九七〇年代の中頃で、六、七年間かかっておおよその見通しがつくところまで進んだ。一九世紀の後半の農民だった人たちの苦難の経験、そして信仰の目覚めや深まりについて学んだのだった。宗教について、新宗教について、また日本の宗教について、どのように考えていけばよいのかの道筋が見えてきた感じがしたのだが、二〇世紀後半の、科学文明に身を浸した私たち自身にとっての宗教ということでは、まだ遠いように感じた。

そこで、大本、創価学会や霊友会、立正佼成会、また本書では取り上げなかったが、天理教系のほんみちや修養団捧誠会といった教団の研究に取り組んだ。だんだん現代に近づいてくるつもりだった。そうするうちにオウム真理教や幸福の科学が急成長してくる一方、「新宗教以後」のスピリチュアリティ（霊性）が目立つようになり、「精神世界」の研究にも取り組んだ。ずいぶん手を広げて、何とか現代の視点から新宗教の全体を捉え返すための下作業が整ったように感じた。

だが、その頃にはもう人生の残りの時間がわずかになっていた。そこで、長い時間をかけて取り組んできた新宗教研究の全体を、手頃なサイズでまとめたいと思った。集大成といっても研究書ではなく、研究水準は踏まえつつも読みやすい概説書の形にしようと考えた。また、読みやすいといっても、宗教や日本文化、また現代という時代の精神文化について考え直すような刺激という意味で、おもしろさも盛り込みたいと欲張った。

実際に読みやすいもの、おもしろいものとなったかどうか、また、読みやすいとしても学問的な研究水準から逸脱したものになっていないかどうか、これはこの分野の研究者も含めた読者の判断に委ねなくてはならない。

新宗教研究に取り組んでから、お世話になった方々はまことに多い。学問的な導きをいただいた先生方、先輩、研究仲間の方々、新宗教の教団関係者や指導者、また信徒の方々から学んだことは、思い出すのにきりがないほどだ。また、本書の執筆にはだいぶ時間がかかったが、宮山多可志さん、今井章博さん、永田士郎さんの辛抱強い促しに大いに助けられた。この場を借りて皆さんにあつくお礼を申し上げる。

二〇二〇年八月

島薗　進

参考文献

全体にわたる参考文献

井上順孝他『新宗教事典』弘文堂、一九九〇年
井上順孝他『新宗教研究調査ハンドブック』雄山閣出版、一九八一年
国学院大学日本文化研究所編『神道事典』弘文堂、一九九四年
佐々木宏幹・宮田登・山折哲雄監修『日本民俗宗教辞典』東京堂出版、一九九八年
島薗進『現代救済宗教論』青弓社、一九九二年
同『時代のなかの新宗教――出居清太郎の世界 1899-1945』弘文堂、一九九九年
同『国家神道と日本人』岩波書店、二〇一〇年
同『神聖天皇のゆくえ――近代日本社会の基軸』筑摩書房、二〇一九年
島薗進・葛西賢太・福嶋信吉・藤原聖子編『宗教学キーワード』有斐閣、二〇〇六年
田村芳朗・宮崎英修編『講座日蓮4　日本近代と日蓮主義』春秋社、一九七二年
中村元・福永光司・田村芳朗・今野達・末木文美士編『岩波仏教辞典』第二版、二〇〇二年
西山茂『近現代日本の法華運動』春秋社、二〇一六年
村上重良・安丸良夫校注『日本思想大系67　民衆宗教の思想』岩波書店、一九七一年

安丸良夫『日本の近代化と民衆思想』青木書店、一九七四年

各章の参考文献

第1章、第2章

浅山太一『内側から見る創価学会と公明党』ディスカヴァー・トゥエンティワン、二〇一七年
上藤和之・大野靖之編『革命の大河――創価学会四十五年史』聖教新聞社、一九七五年
島田裕巳『創価学会と公明党』宝島社、二〇一四年
島薗進「生活知と近代宗教運動――牧口常三郎の教育思想と信仰」河合隼雄他編『岩波講座宗教と科学5　宗教と社会科学』岩波書店、一九九二年
同「牧口教育思想と生活知　近代宗教運動論の視点から」『東洋学術研究』第三二巻第二号、一九九三年一〇月
同「新宗教と現世救済思想――創価学会の仏教革新」高崎直道・木村清孝編『シリーズ・東アジア仏教4　日本仏教論』春秋社、一九九五年
同「〔総説〕宗教の戦後体制――前進する主体、和合による平和」小森陽一・酒井直樹・島薗進・千野香織・成田龍一・吉見俊哉編『岩波講座　近代日本の文化史10　問われる歴史と主体』岩波書店、二〇〇三年
同「創価学会と公明党の「宗教と公共空間」」『UP』五〇三号、二〇一四年九月
杉山明子「現代人の宗教意識」『ジュリスト増刊総合特集二一　現代人と宗教』有斐閣、一九八一年

須田晴夫『日興門流と創価学会』鳥影社、二〇一八年
聖教新聞社編『牧口常三郎』聖教新聞社、一九七二年
創価学会教学部編『折伏教典』第三九版、創価学会、一九六九年、初版、一九五一年
高瀬広居『第三文明の宗教　創価学会のめざすもの』弘文堂、一九六二年
東京大学法華経研究会編『創価学会の理念と実践』第三文明社、一九七五年
戸田城聖全集出版委員会編『戸田城聖全集』第二巻（質問会編）、聖教新聞社、一九八二年
南原繁『文化と国家』新装版、東京大学出版会、二〇一七年、初刊、一九五七年
中野潤『創価学会・公明党の研究─自公連立政権の内在論理』岩波書店、二〇一六年
田原総一朗『創価学会』毎日新聞出版、二〇一八年
玉野和志『創価学会の研究』講談社、二〇〇八年
日隈威徳『創価学会　戸田城聖』新人物往来社、一九七一年
松岡幹夫『新版　日蓮仏法と池田大作の思想』第三文明社、二〇一八年
村上重良『創価学会＝公明党』青木書店、一九六七年

第3章

ロバート・キサラ『現代宗教と社会倫理　天理教と立正佼成会の福祉活動を中心に』青弓社、一九九二年
同　『宗教的平和思想の研究――日本新宗教の教えと実践』春秋社、一九九七年
島薗進「新宗教の体験主義――初期霊友会の場合」村上重良編『大系仏教と日本人10　民衆と社会』春秋

社、一九八八年
同「千年王国のダイナミックス――近代日本の民衆宗教運動の中の歴史意識」月本昭男他編『歴史を問う2　歴史と時間』岩波書店、二〇〇二年
同「〔総説〕宗教の戦後体制――前進する主体、和合による平和」小森陽一・酒井直樹・島薗進・千野香織・成田龍一・吉見俊哉編『岩波講座　近代日本の文化史10　問われる歴史と主体』岩波書店、二〇〇三年
同「在家主義仏教と菩薩行の理念――仏教史の中の法華系新宗教」『中央学術研究所紀要』第三六号、二〇〇七年
森岡清美『新宗教運動の展開過程――教団ライフサイクル論の視点から』創文社、一九八九年
水野泰治『霊友会――久保角太郎の生涯（新宗教創始者伝）』講談社、一九八五年
久保克児『久保角太郎――「父母双系の先祖供養仏教」誕生』春秋社、二〇一五年
庭野日敬『庭野日敬自伝――道を求めて七十年』佼成出版社、一九七六年
天野恭佑『慈悲の生涯――長沼妙佼伝』冬樹社、一九七一年
立正佼成会布教本部編『法座　その理論と実践』佼成出版社、一九七三年
ランジャナ・ムコパディヤーヤ『日本の社会参加仏教――法音寺と立正佼成会の社会活動と社会倫理』東信堂、二〇〇五年

第4章、第5章

池田昭編『大本史料集成』全三巻、三一書房、一九八二年、一九八五年
伊藤貴雄「牧口常三郎の戦時下抵抗（第1回）――天皇凡夫論と教育勅語批判を中心に」創価大学創価教育研究所『創価教育』第二号、二〇〇九年三月
同「牧口常三郎の戦時下抵抗（第2回）――聖戦思想批判を中心に」『創価教育』第4号、二〇一一年三月
川村邦光『出口なお・王仁三郎――世界を水晶の世に致すぞよ』ミネルヴァ書房、二〇一七年
大本教学編纂所編『大本教学　第十九号大本教祖伝資料』大本教学編纂所、一九六四年
大本七十年史編纂会編『大本七十年史』上巻・下巻、大本、一九六四、六七年
島薗進「国家神道とメシアニズム――「天皇の神格化」からみた大本教」安丸良夫他編『岩波講座　天皇と王権を考える4　宗教と権威』岩波書店、二〇〇二年
同「悪に向き合う宗教――「弱肉強食」の時代と初期大本教」『思想の身体――悪の巻』春秋社、二〇〇六年
高橋正衛『昭和の軍閥』中央公論社、一九六九年
出口ナオ・村上重良校注『大本神諭　天の巻　民衆宗教の聖典・大本』平凡社、一九七九年
出口王仁三郎『出口王仁三郎著作集』全五巻、読売新聞社、一九七二-七三年
出口すみこ『幼ながたり』天声社、一九五五年
出口和明『いり豆の花　大本開祖出口なおの生涯』八幡書店、一九九五年
松本健一『出口王仁三郎』リブロポート、一九八六年

宮田登『ミロク信仰の研究――日本における伝統的メシア観』未來社、一九七〇年
村上重良『評伝　出口王仁三郎』三省堂、一九七八年
安丸良夫『日本ナショナリズムの前夜』朝日新聞社、一九七七年
同　『出口なお』朝日新聞社、一九七七年
同　『文明化の経験――近代転換期の日本』岩波書店、二〇〇七年
立正佼成会若狭教会編『立正佼成会若狭教会五十年史』立正佼成会若狭教会、二〇一二年

第6章

池田昭編『ひとのみち教団不敬事件関係資料集成』三一書房、一九七七年
マックス・ウェーバー『プロテスタンティズムの倫理と資本主義の精神』岩波書店、一九八九年（原著、一九〇四-五年）
Robert Wuthnow, *The Restructuring of American Religion*, Princeton University Press, 1988
ホセ・オルテガ・イ・ガセット『大衆の反逆』中央公論新社、二〇〇二年（原著、一九二九年）
小島伸之「特別高等警察による信教自由制限の論理――皇道大本とひとのみち教団「不敬事件」の背後にあるもの」『宗教と社会』第14号、二〇〇八年
島薗進「新宗教の体験主義――初期霊友会の場合」村上重良編『大系仏教と日本人10　民衆と社会』春秋社、一九八八年
同　『〈癒す知〉の系譜――科学と宗教のはざま』吉川弘文館、二〇〇三年

同「都市型新宗教の心なおし――ひとのみち教団の心理療法的救済信仰」湯浅泰雄編『大系仏教と日本人3　密儀と修行』春秋社、一九八九年
同「新宗教とキリスト教」『明治学院大学キリスト教研究所紀要』第三三号、二〇〇一年一月
同『スピリチュアリティの興隆――新霊性文化とその周辺』岩波書店、二〇〇七年
島薗進編著『何のための〈宗教〉か?』青弓社、一九九四年
鈴木広『都市的世界』誠信書房、一九七〇年
中根千枝『タテ社会の人間関係』講談社、一九六七年
藤井忠俊『国防婦人会――日の丸とカッポウ着』岩波書店、一九八五年
同『在郷軍人会――良兵良民から赤紙・玉砕へ』岩波書店、二〇〇九年
リチャード・ホーフスタッター『アメリカの反知性主義』(田村哲夫訳) みすず書房、二〇〇三年 (原著、一九六三年)
H・ニール・マックファーランド『神々のラッシュアワー』(内藤豊・杉本武之訳) 社会思想社、一九六九年 (原著、一九六七年)
マーク・R・マリンズ『メイド・イン・ジャパンのキリスト教』(高崎恵訳) トランスビュー、二〇〇五年
セルジュ・モスコヴィッシ『群衆の時代――大衆心理学の史的考察』(吉田幸男訳) 法政大学出版局、一九八四年 (原著、一九八一年)
森岡清美『日本の近代社会とキリスト教』評論社、一九七〇年

山之内靖『総力戦体制』筑摩書房、二〇一五年

第7章

秋谷栄之助編『旭日の創価学会70年』①〜④、第三文明社、一九九九-二〇〇〇年
神島二郎『近代日本の精神構造』岩波書店、一九六一年
ロバート・キサラ『宗教的平和思想の研究——日本新宗教の教えと実践』春秋社、一九九七年
久保継成『在家主義仏教のすすめ』いんなあとりっぷ社、一九七八年
小谷喜美口述、松本武一・大竹勇編『私の修行生活三十五年』霊友会教団、一九五八年
久保継成編『小谷喜美抄　天の音楽』佛乃世界社、一九七二年
宗教社会学研究会編集委員会編『教祖とその周辺』雄山閣出版、一九八七年
島薗進編著『何のための〈宗教〉か?』青弓社、一九九四年
島薗進「新宗教の体験主義——初期霊友会の場合」村上重良編『大系仏教と日本人10　民衆と社会』春秋社、一九八八年
同「千年王国のダイナミックス——近代日本の民衆宗教運動の中の歴史意識」月本昭男他編『歴史を問う2　歴史と時間』岩波書店、二〇〇二年
同「〔総説〕宗教の戦後体制——前進する主体、和合による平和」小森陽一・酒井直樹・島薗進・千野香織・成田龍一・吉見俊哉編『岩波講座　近代日本の文化史10　問われる歴史と主体』岩波書店、二〇〇三年

同　「在家主義仏教と菩薩行の理念―仏教史の中の法華系新宗教」『中央学術研究所紀要』第三六号、二〇〇七年一一月
対馬路人・西山茂・島薗進・白水寛子「新宗教における生命主義的救済観」『思想』六六五号、一九七九年一一月
成田龍一『「故郷」という物語――都市空間の歴史学』吉川弘文館、一九九八年

第8章

家永三郎他監修『日本佛教史Ⅲ　近世近代篇』法蔵館、一九六七年
生駒勘七『御嶽の歴史』宗教法人木曾御岳本教、一九六六年
岩科小一郎『富士講の歴史　江戸庶民の山岳信仰』名著出版、一九八三年
大谷正幸『角行系富士信仰――独創と盛衰の宗教』岩田書院、二〇一一年
荻原稔『井上正鐵門中・禊教の成立と展開――慎食・調息・信心の教え』思想の科学社、二〇一八年
近藤喜博『金毘羅信仰研究』塙書房、一九八七年
島薗進「稲荷信仰の近代」『朱』（伏見稲荷大社）第四七号、二〇〇四年三月
島薗進・安丸良夫・磯前順一『民衆宗教論――宗教的主体化とは何か』東京大学出版会、二〇一九年
新城常三『社寺参詣の社会経済史的研究』塙書房、一九六四年
鶴藤幾太『教派神道の研究』大興社、一九三九年
アンヌ・ブッシイ『神と人のはざまに生きる――近代都市の女性巫者』東京大学出版会、二〇〇九年

原敬吾『黒住宗忠』吉川弘文館、一九六〇年
ロバート・N・ベラー『徳川時代の宗教』（池田昭訳）岩波書店、一九九六年（原著、一九五七年）
宮田登『ミロク信仰の研究——日本における伝統的メシア観』未來社、一九七〇年
村上重良『成田不動の歴史』東通社出版部、一九六八年

第9章

浅野美和子『女教祖の誕生——「如来教」の祖・媹姾如来喜之』藤原書店、二〇〇一年
池田士郎・島薗進・関一敏『中山みき・その生涯と思想——救いと解放の歩み』明石書店、一九九八年
大谷栄一『近代日本の日蓮主義運動』法藏館、二〇〇一年
同『日蓮主義とはなんだったのか——近代日本の思想水脈』講談社、二〇一九年
神田秀雄『如来教の思想と信仰——教祖在世時代から幕末期における』天理大学出版部、一九九〇年
同『如来教の成立・展開と史的基盤——江戸後期の社会と宗教』吉川弘文館、二〇一七年
小沢浩『生き神の思想史——日本の近代化と民衆宗教』岩波書店、一九八八年
小松原織香「水俣の祈りと赦し　一九九〇年代の「もやい直し」事業を再検討する」『現代生命哲学研究』第五号、二〇一六年三月
島薗進「神がかりから救けまで——天理教の発生序説」『駒沢大学仏教学部論集』第八号、一九七七年一〇月
島薗進・安丸良夫・磯前順一『民衆宗教論——宗教的主体化とは何か』東京大学出版会、二〇一九年

永岡崇『新宗教と総力戦――教祖以後を生きる』名古屋大学出版会、二〇一五年
村上重良『近代民衆宗教史の研究　増訂版』法蔵館、一九六三年
村上重良『ほんみち不敬事件――天皇制と対決した民衆宗教』講談社、一九七四年
村上重良・安丸良夫校注『日本思想大系67　民衆宗教の思想』岩波書店、一九七一年
安丸良夫『安丸良夫集3　宗教とコスモロジー』岩波書店、二〇一三年

第10章

ブライアン・ウィルソン『セクト――その宗教社会学』平凡社、一九七二年
マックス・ウェーバー『宗教社会学論選』（大塚久雄・生松敬三訳）みすず書房、一九七二年
同　『宗教社会学』（武藤一雄他訳）創文社、一九七六年（原著、一九五六年）
同　『プロテスタンティズムの倫理と資本主義の精神』岩波書店、一九八九年（原著、一九〇四-五年）
ハンス・G・キッペンベルク『宗教史の発見――宗教学と近代』（月本昭男他訳）岩波書店、二〇〇五年（原著、二〇〇二年）
島薗進「悪に向き合う宗教」『思想の身体――悪の巻』春秋社、二〇〇六年
同　『スピリチュアリティの興隆――新霊性文化とその周辺』岩波書店、二〇〇七年
同　『宗教学の名著30』筑摩書房、二〇〇八年
同　『宗教ってなんだろう?』平凡社、二〇一七年

島薗進・安丸良夫・磯前順一『民衆宗教論――宗教的主体化とは何か』東京大学出版会、二〇一九年
対馬路人・西山茂・島薗進・白水寛子「新宗教における生命主義的救済観」『思想』六六五号、一九七九年一一月
仏教思想研究会編『仏教思想2　悪』平楽寺書店、一九七六年
ロバート・N・ベラー「宗教の進化」『社会変革と宗教倫理』（河合秀和訳）未來社、一九七三年（原著、一九六四年）
カール・ヤスパース『歴史の起源と目標　ヤスパース選集9』（重田英世訳）理想社、一九六四年（原著、一九四九年）
ポール・リクール『悪のシンボリズム』（植島啓司他訳）溪声社、一九七七年
同『悪の神話』（一戸とおる他訳）溪声社、一九八〇年

第11章、第12章

秋庭裕・川端亮『霊能のリアリティへ――社会学、真如苑に入る』新曜社、二〇〇四年
生駒孝彰『アメリカ生れのキリスト教』旺史社、一九八一年
井門富二夫『カルトの諸相』岩波書店、一九九七年
ブライアン・ウィルソン『セクト――その宗教社会学』平凡社、一九七二年
梅棹忠夫『文明の生態史観』中央公論社、一九六七年
大泉実成『説得――エホバの証人と輸血拒否事件』現代書館、一九八八年

小沢浩『新宗教の風土』岩波書店、一九九七年
櫻井義秀・中西尋子『統一教会――日本宣教の戦略と韓日祝福』北海道大学出版会、二〇一〇年
宗教社会学研究会編集委員会編『教祖とその周辺』雄山閣出版、一九八七年
島薗進『新新宗教と宗教ブーム』岩波書店、一九九二年
同『ポストモダンの新宗教――現代日本の精神状況の底流』東京堂出版、二〇〇一年
同『現代宗教の可能性――オウム真理教と暴力』岩波書店、一九九七年
同「オウム真理教と超越への希求」色川大吉・宮田登編『転換期の世相』小学館、一九九七年
同『〈癒す知〉の系譜――科学と宗教のはざま』吉川弘文館、二〇〇三年
同『精神世界のゆくえ――現代世界と新霊性運動』東京堂出版、一九九六年、改訂版、秋山書店、二〇〇七年
同『スピリチュアリティの興隆――新霊性文化とその周辺』岩波書店、二〇〇七年
同『現代宗教とスピリチュアリティ』弘文堂、二〇一二年
同『日本仏教の社会倫理――「正法」理念から考える』岩波書店、二〇一三年
島田裕巳『オウム――なぜ宗教はテロリズムを生んだのか』トランスビュー、二〇〇一年
塚田穂高『宗教と政治の転轍点――保守合同と政教一致の宗教社会学』花伝社、二〇一五年
中沢新一、ラマ・ケツン・サンポ『虹の階梯――チベット密教の瞑想修行』平河出版社、一九八一年
リチャード・ニーバー『アメリカ型キリスト教の社会的起源』（柴田史子訳）ヨルダン社、一九八四年（原著、一九二九年）

沼田健哉『現代日本の新宗教――情報化社会における神々の再生』創元社、一九八八年
同　『宗教と科学のネオパラダイム――新新宗教を中心として』創元社、一九九五年
芳賀学・菊池裕生『仏のまなざし、読みかえられる自己――回心のミクロ社会学』ハーベスト社、二〇〇七年
デイヴィッド・G・ブロムリー他『アメリカ「新宗教」事情』（稲沢五郎訳）ジャプラン出版、一九八六年
山本新著、神川正彦・吉沢五郎編『周辺文明論　欧化と土着』刀水書房、一九八五年

第13章

秋庭裕『アメリカ創価学会〈SGI－USA〉の55年』新曜社、二〇一七年
葛西賢太『断酒が作り出す共同性――アルコール依存からの回復を信じる人々』世界思想社、二〇〇七年
斎藤学『魂の家族を求めて：私のセルフヘルプ・グループ論』日本評論社、一九九五年
島薗進「日本の新宗教の異文化進出」『現代救済宗教論』青弓社、一九九二年
同　『精神世界のゆくえ――現代世界と新霊性運動』東京堂出版、一九九六年、改訂版、秋山書店、二〇〇七年
同　『スピリチュアリティの興隆――新霊性文化とその周辺』岩波書店、二〇〇七年
同　『現代宗教とスピリチュアリティ』弘文堂、二〇一二年
同　『ともに悲嘆を生きる　グリーフケアの歴史と文化』朝日新聞出版、二〇一九年
堀江宗正『ポップ・スピリチュアリティ　メディア化された宗教性』岩波書店、二〇一九年

三木英編『異教のニューカマーたち――日本における移民と宗教』森話社、二〇一七年
渡辺雅子『韓国立正佼成会の布教と受容』東信堂、二〇一九年

終章

石牟礼道子『無常の使い』藤原書店、二〇一七年
栗原彬編『証言　水俣病』岩波書店、二〇〇〇年
小松原織香「水俣の祈りと赦し　一九九〇年代の「もやい直し」事業を再検討する」『現代生命哲学研究』第五号、二〇一六年三月
篠崎友伸「いい「つながり」――水俣地元学へ」『国際宗教研究所ニュースレター』第六五号、二〇一〇年一月
島薗進『日本人の死生観を読む　明治武士道から「おくりびと」へ』朝日新聞出版、二〇一二年
同「ふるさとと神仏のゆくえ」二六‐二九回、『地域人』二六‐二九号、大正大学出版会、二〇一七年一一月‐二〇一八年二月
同『ともに悲嘆を生きる　グリーフケアの歴史と文化』朝日新聞出版、二〇一九年
下田健太郎『水俣の記憶を紡ぐ――響き合うモノと語りの歴史人類学』慶應義塾大学出版会、二〇一七年
萩原修子「生み落とされることば、手渡されていくことば――水俣病事件と「本願の会」」『宗教研究』第八六巻第一輯、二〇一二年
藤崎童士『のさり――水俣漁師、杉本家の記憶より』新日本出版社、二〇一三年

編集協力　宮古地人協会

ちくま新書
1527

新宗教《しんしゅうきょう》を問《と》う
——近代日本人《きんだいにほんじん》と救《すく》いの信仰《しんこう》

二〇二〇年一一月一〇日　第一刷発行
二〇二三年　六　月二〇日　第二刷発行

著　者　島薗　進（しまぞの・すすむ）
発行者　喜入冬子
発行所　株式会社　筑摩書房
東京都台東区蔵前二-五-三　郵便番号一一一-八七五五
電話番号〇三-五六八七-二六〇一（代表）
装幀者　間村俊一
印刷・製本　株式会社　精興社

ISBN978-4-480-07351-8 C0214

ちくま新書

744
宗教学の名著30
島薗進
哲学、歴史学、文学、社会学、心理学など多領域から宗教理解、理論の諸成果を取り上げ、現代における宗教的なものの意味を問う。深い人間理解へ誘うブックガイド。

085
日本人はなぜ無宗教なのか
阿満利麿
日本人には神仏とともに生きた長い伝統がある。それなのになぜ現代人は無宗教を標榜し、特定宗派を怖れるのだろうか？　あらためて宗教の意味を問いなおす。

814
完全教祖マニュアル
架神恭介
辰巳一世
キリスト教、イスラム、仏教などの伝統宗教から現代日本の新興宗教まで古今東西の宗教を徹底的に分析。教義や組織の作り方、奇跡の起こし方などすべてがわかる！

936
神も仏も大好きな日本人
島田裕巳
日本人はなぜ、無宗教と思いこんでいるのか？　神道と仏教がどのように融合し、分離されたか、その歴史をたどることで、日本人の隠された宗教観をあぶり出す。

1022
現代オカルトの根源
——霊性進化論の光と闇
大田俊寛
多様な奇想を展開する、現代オカルト。その根源には「霊性の進化」をめざす思想があった。19世紀の神智学から、オウム真理教・幸福の科学に至る系譜をたどる。

1048
ユダヤ教　キリスト教　イスラーム
——一神教の連環を解く
菊地章太
一神教が生まれた時、世界は激変した！　「平等」「福祉」「不寛容」などを題材に三宗教のつながりを分析し、現代の底流にある一神教を読み解く宗教学の入門書。

1145
ほんとうの法華経
橋爪大三郎
植木雅俊
仏教最高の教典・法華経が、サンスクリット原典から全面改訳された。植木雅俊によるその画期的な翻訳の秘密に橋爪大三郎が迫り、ブッダ本来の教えを解き明かす。